I0020339

# RASPBERRY PI

## Guía paso por paso para dominar El Hardware y Software de Raspberry PI 3

Ranny Ray

# TABLA DE CONTENIDO

# Capítulo 1

# Introducción a Raspberry Pi

**Lo que aprenderás en este capítulo**

Tableros  Raspberry Pi

Hardware de Raspberry Pi

**Lo que necesitarás para éste capítulo**

## Tablero Raspberry Pi

Raspberry Pi fue desarrollado para animar a niños que quieren aprender computación. Raspberry Pi es una de las plataformas más populares en el mercado de dispositivos *System on chip* (SoC), gracias al rápido desarrollo y bajo costo de Raspberry Pi que empieza desde tan solo $5 para el modelo Raspberry Pi zero. En 2015 más de cinco millones de tableros Raspberry Pi fueron vendidos. Los tableros Raspberry Pi son bastante complejos para ser usados por la audiencia, pero la capacidad de Raspberry Pi de correr Linux incrustado es lo que hace a la plataforma poderosa y accesible. Usando Linux en sistemas incrustados hace el desarrollo bastante fácil especialmente si desarrollamos aplicaciones de cosas inteligentes, del Internet de las Cosas ( en inglés *Internet of Things)* robótica, ciudades inteligentes y sistemas ciber-físicos. Gracias a la integración entre el software Linux y la electrónica representa un cambio de paradigma en el desarrollo de sistemas incrustados. Puedes usar el Raspberry Pi no sólo en el desarrollo de sistemas incrustados sino también como una computadora de uso general.

Como dijimos antes que el Raspberry PI puede ser usado como un dispositivo de computación de propósito general, es por esa razón que puede usarse para introducir la programación de computadoras para sus usuarios, pero la mayoría de los desarrolladoras lo usan como una plataforma de Linux incrustado.

La mayoría de los modelos Raspberry Pi tienen las siguientes características:

-Bajo costo, empezando desde $5 a $35

-Contienen una poderosa ARM Cortex de 1.2 GHz-procesador A53 que puede procesar más de 700 millones de instrucciones por segundo

-El Raspberry Pi tiene muchos modelos diferentes que son adecuados para diferentes aplicaciones

-Ahorran mucha energía, funcionan entre 0.5W y 5.5W

- Si necesitas cualquier ayuda para hacer un proyecto, puedes encontrar fácilmente una solución gracias a la gran comunidad de innovadores

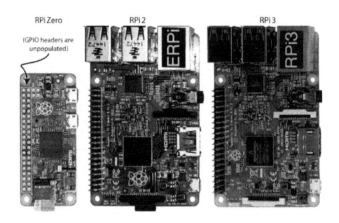

- El Raspberry Pi puede correr el sistema operativo Linux, de modo que puedes instalar bibliotecas de código abierto y muchas aplicaciones directamente con él

- Otra característica que es llamada *Hardware Attached on Top* (HATs)

Esta es de hecho una característica impresionante porque puedes extender la funcionalidad de Raspberry Pi usando Hat, que se conecta al archivo de cabecera GPIO, puedes diseñar tu propio HATs y unirlos a la cabecera de tu Raspberry Pi.

- Si quieres aprender electrónica, programación y del sistema operativo Linux, deberías usar la plataforma Raspberry Pi especialmente en aplicaciones de IoT ( *Internet of Things,* Internet de las cosas) y robótica

- El Raspberry PI es mejor que otros dispositivos de Linux incorporado y otros sistemas incrustados tradicionales, como los microcontroladores Arduino, AVR y PIC, es que cuando usas el sistema operativo Linux para tu proyecto, por ejemplo, si desarrollamos un sistema de hogar inteligente usando el Raspberry Pi y quieres hacer información en el internet, puedes usar e instalar el servidor web Nginx. Luego de eso puedes usar un lenguaje de servidor como PHP, Python, y Perl o puedes usar cualquier lenguaje de programación que prefieras. También puedes querer acceso remoto de Shell; puedes instalar un Shell seguro sin ningún esfuerzo usando el comando sudo apt install sshd, esto te ahorra el tiempo.

• En el sistema operativo Linux encontrarás soporte de driver de dispositivo para muchos USB periféricos lo que hace la instalación de cualquier dispositivo USB tan fácil como la cámara, adaptadores Wi-Fi y muchos más, en lugar del desarrollo de complejos software de driver.

• El Raspberry Pi es un dispositivo para reproducir videos en HD, porque tiene un procesador Broadcom BCM2835/6/7 para aplicaciones multimedia, y también tiene una implementación de hardware de H.264MIPG-4 y decodificadores y codificadores MPG-2/VC-1

● Si vas a desarrollar aplicaciones para un sistema en tiempo real entonces el Raspberry Pi no será una buena opción, por ejemplo, deseas un sensor para medir algunos valores en millonésimas de segundos, no será fácil interrumpir el sistema, pero puedes interconectar con microcontroladores en tiempo real al Raspberry Pi a través de buses como UART, 12C y Ethernet

**Hardware de Raspberry Pi**

---

El corazón de cada tablero Raspberry Pi es el Broadcom BCM 2835, BCM 2836, y BCM 2837 sistema en chip (por sus siglas en inglés SoC). Los modelos de Raspberry Pi están disponibles para muestra (el Raspberry Pi A+, B+, 2,3 y Zero), pero recomiendo comprar el Raspberry Pi 3 porque tiene un procesador multinúcleo.

**Versiones de Raspberry Pi**

• Si deseas usar el Raspberry Pi como una computadora de propósito general, deberías considerar el Raspberry Pi 3. El 1GB de memoria y el procesador de 1.2 GHz brindan el mejor rendimiento de todos los tableros

• para aplicaciones que interconectan electrónicas con el Internet en una red, usa el Rasberry Pi 3 2 o el Raspberry Pi B+

• si deseas un tablero con capacidad inalámbrica, en ese caso la mejor opción será el Raspberry Pi Zero

| Model | RPI 3 | RPI 2 | RPI B+ | RPI A+ | RPI Zero | RPI B | Compute |
|---|---|---|---|---|---|---|---|
| Characteristics | performance/Wi-Fi Bluetooth/Ethernet | performance/Ethernet | Ethernet | price | price/size | original | integration/eMMC |
| Price | $35 | $35 | $25 | $20 | $5+ | $25 | $40 ($30 volume) |
| Processor* | BCM2837 quad core Linux ARMv7 | BCM2836 quad core Linux ARMv7 | BCM2835 Linux ARMv6 | BCM2835 Linux ARMv6 | BCM2835 Linux ARMv6 | BCM2835 Linux ARMv6 | BCM2835 Linux ARMv6 |
| Speed | 1.2 GHz | 900 MHz | 700 MHz | 700 MHz | 1 GHz | 700 MHz | 700 MHz |
| Memory | 1 GB | 1 GB | 512 MB | 256 MB | 512 MB | 512 MB | 512 MB |
| Typical power | 2.5 W (up to 6.5 W) | 2.5 W (up to 4.1 W) | 1 W (up to 1.5 W) | 1 W (up to 1.5 W) | 1 W (up to 1.5 W) | 1 W (up to 1.5 W) | 1 W (up to 1.5 W) |
| USB Ports | 4 | 4 | 4 | 1 | 1 OTG | 2 | via header |
| Ethernet | 10/100 Mbps, Wi-Fi, and Bluetooth | 10/100 Mbps | 10/100 Mbps | none | none | 10/100 Mbps | none |
| Storage | micro-SD | micro-SD | micro-SD | micro-SD | micro-SD | SD | 4GB eMMC |
| Video | HDMI composite | HDMI composite | HDMI composite | HDMI composite | mini-HDMI composite | HDMI RCA video | HDMI via edge TV DAC via edge |
| Audio | HDMI digital audio and analog stereo via a 3.5 mm jack (where available) | | | | | | via edge connector |
| GPU | Dual Core VideoCore IV Multimedia Co-Processor at 250 MHz (24 GFLOPS) | | | | | | |
| Camera (CSI) | yes | yes | yes | yes | no | yes | CSI x 2 via edge |
| Display (DSI) | yes | yes | yes | yes | no | yes | DSI x 2 via edge |
| GPIO header | 40 pins | 40 pins | 40 pins | 40 pins | 40 pins | 26 pins | 48 pins via edge |
| Usage | General-purpose computing and networking. High performance interfacing. Video streaming | General-purpose computing. High performance interfacing. Video streaming | General-purpose computing. Internet-connected host. Video streaming | Low-cost general-purpose computing. Standalone electronics interfacing applications | Low-cost small-profile standalone electronics interfacing projects | General-purpose legacy applications. Internet-connected host | Suitable for plugging into user-created PCBs using a DDR2 SODIMM connector. Open-source breakout board available |

Details in this table were gleaned from articles and documents from the RPi Foundation website (www.raspberrypi.org).

* The BCM2835 is an ARM1176JZF-S (ARM11) processor architecture) that has full entitlement to an ARMv6 software architecture. The BCM2836 is a quad-core ARM Cortex-A7 processor that has a NEON Data Engine and full entitlement to an ARMv7 software architecture. The BCM2837 is a 64-bit ARMv8 quad-core ARM Cortex-A53 processor that has a NEON Data Engine and full entitlement to an ARMv7 software architecture.

Ahora vamos a darle una mirada más de cerca al hardware Raspberry

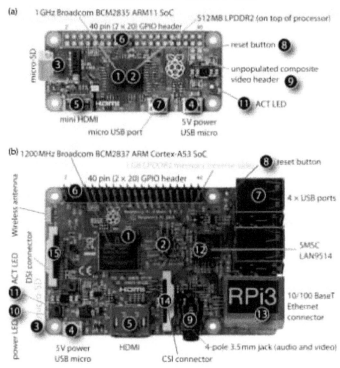

**1. Procesador:** El Raspberry Pi usa el procesador Broadcom BCM2835/BCM2836/BCM2837

**2. Memoria:** La cantidad de memoria del sistema afecta el desempeño y el uso del Raspberry Pi como una computadora de propósito general. La memoria es compartida entre el CPU y el GPU (256 MB a 1GB DDR)

**3. Almacenamiento:** los tableros Raspberry Pi todos se inician desde una tarjeta micro SD o SD, con la excepción del módulo de cómputo. Tiene un eMMC incorporado, que permite el uso de una tarjeta SD en un chip. EL Raspberry PI 3 usa una ranura de encaje por fricción, en lugar de una ranura de entrada y salida por toque

**4. Energía:** un suministro de 5V es requerido que debería llevar idealmente una corriente de al menos 1.1 A e idealmente 2.5 para el Raspberry Pi 3. Tenga cuidado de no conectar el hub USB y las entradas de corriente USB en el Raspberry Pi Zero.

**5. Salida de Video:** usada para conectar los Raspberry Pi a un monitor o televisión. Los modelos Raspberry Pi soportan 14 salidas de resolución, incluyendo full-HD (1920x1080) y 1920x1200

**6. GPIOs:** 40Pins que son multiplexos para brindar acceso a las siguientes características (2x I2C, SPI bus, UART, PWM, GPCLIK)

**7. USB:** hay un puerto USB interno en los modelos de Raspberry Pi con varias cantidades de entradas

**8. Reset:** puede ser usado como botón de reseteo para el Raspberry Pi

**9. Audio y video:** Esto brinda video compuesto y audio estéreo en el Raspberry Pi

**10. LED de Energía:** indica que el tablero está encendido.

**11. LED de Actividad:** indica que hay actividad en el tablero

**12. USB a Ethernet:** Este IC brinda un puerto USB 2.0 y un controlador 10/100 de Ethernet

**13. Red:** Ethernet de 10/100 Mbps vía conector RJ45

**14. Cámara:** El Raspberry Pi tiene una interfaz de procesador de industria móvil con una interfaz de cámara serial, un conector de 15 pines que puede conectarse a una cámara de propósito especial

**15. Monitor:** La Interfaz de Monitor Serial es una interfaz típicamente usada por vendedores de teléfonos móviles como interfaz de pantalla de monitor

# Preguntas del Capítulo 1

1. ¿Qué es el Raspberry Pi?

2. ¿Describa la diferencia entre los distintos tableros Raspberry PI?

3. ¿Qué son los HATs?

4. ¿Describa el uso del monitor en el Raspberry Pi?

5. ¿Es el tablero Raspberry Pi bueno para sistemas en tiempo real? ¿Por qué?

# Capítulo 2

# Iniciándose con Raspberry Pi

**Lo que aprenderás en este capítulo**

🏭Comprender Linux

🏭Software de Raspberry Pi

**Lo que necesitarás para este capítulo**

📠Tablero Raspberry Pi

📠Cable USB

📠Lo que necesitarás para este capítulo

📠Cable Serial o adaptador Wi-Fi

El sistema operativo Linux tiene muchas Distribuciones o versiones de Linux que tienen sus herramientas y programas de software. Hay muchas versiones diferentes de Linux, como Debian, Red Hat u OpenSUSE, son usados principalmente en servidores, pero versiones como Ubuntu, Fedora o Linux Mint son usadas por usuarios de escritorio, pero deberías mantener en mente que todas tienen el mismo kernel de Linux que fue creado por Linus Torvalds en 1991

Para sistemas incrustados escogeremos una distribución basada en lo siguiente:

- Estabilidad de la distribución

- Administrador de paquete

- La buena comunidad de soporte para el dispositivo usado

- El soporte de drivers del dispositivo

## Linux para el Raspberry Pi

Como dijimos antes, cada versión de Linux tiene sus propias herramientas y configuraciones que resultan en distintas experiencias de usuario, pero la versión principal de código abierto de Linux usada en el tablero Raspberry Pi incluye Raspbian, Arch Linux y Ubuntu

Raspbian es una versión de Debian; hay tres versiones de Raspbian en el sitio web de Raspberry Pi

• **Raspbian Jessie:** una imagen basada en la versión Debian 8.x

• **Raspbian Jessie Lite:** Un imagen mínima basada en Debian Jessie, pero con limitado soporte de escritorio

• **Raspbian Wheezy:** una imagen más viej basada en la versión Debian 7.x

• Ubuntu distro es muy cercano a Debian como se describe en el sitio web de Ubuntu "Debian es la roca sobre la cual Ubuntu está construido"

● Ubuntu es una de las distribuciones más populares, porque tiene un excelente soporte de driver de escritorio, fácil de instalar y más accesible para los nuevos usuarios

● Arch Linux es una versión ligera de Linux dirigida al usuario de Linux competente. Versiones hechas previamente de la distribución de Arch Linux están disponibles para el Raspberry Pi, pero tiene menos soporte para nuevos usuarios de Linux que usan la plataforma Raspberry Pi

● La fundación Raspberry Pi desarrolló un instalador de Linux llamado NOOBS. El cual contiene Raspbian pero brinda una fácil descarga e instalación de otras distribuciones de Linux

**Ahora creemos una imagen de tarjeta SD en Linux para el Raspberry PI**

● Si quieres configurar una tarjeta SD para iniciar el Raspberry Pi, sólo descarga una imagen de archivo de distribución de Linux de www.raspberrypi.org/downloads y grábala en una tarjeta SD usando cualquier grabador de imagen

## Conectarse a una Red

Hay dos formas de conectar el Raspberry Pi a una red usando Ethernet regular o usando un cable cruzado de Ethernet.

| Ventajas | Desventajas |
| --- | --- |
| Tendrás control sobre la configuración de la dirección ip | Necesitarás control administrativo |
| Puedes conectar muchos tableros | Necesitarás una fuente de poder para El Raspberry Pi en Ethernet |
| El Raspberry Pi puede conectarse al internet sin una computadora de escritorio | La configuración es más compleja para principiantes |

• La primera cosa que deberías hacer es encontrar tu Raspberry Pi en la red. Por defecto, el Raspberry Pi solicita una configuración de Protocolo de Host Dinámico ( por sus siglas en inglés DHCP) de dirección IP. Este servicio es brindado por el servidor DHCP que corre en el módem integrado-router-LAN

Puedes usar cualquera de los siguientes métodos para obtener la dirección IP Dinámica del Raspberry Pi:

• usando un navegador web: escribe 192.168.1.1, 192.168.0.1 or 10.0.0.1. inicia sesión y busca un menú como Estatus para el Cuadro DHCP. Deberías ver una entrada con detalles de la dirección IP, la dirección MAC, y el tiempo restante para un dispositivo con nombre de host Raspberry Pi

• usando una herramienta de escaneo de puerto: Usa una herramienta cómo nmap bajo Linux o una herramienta como ZenMap versión GUI, disponible para Windows. Buscarás una entrada que tenga un puerto 22 abierto para SSH. Esta identifica el rango de direcciones MAC de la fundación. Puedes tocar para probar la conexión

## Usemos el otro tipo que es el cable cruzado de Ethernet

Un cable cruzado de Ethernet es un cable que ha sido modificado para permitir a dispositivos similares conectarse sin usar un interruptor

| Ventajas | Desventajas |
|---|---|
| En caso de que no tengas acceso a la red, puedes conectarte aún al Raspberry Pi | Cuando tu máquina de escritorio tiene sólo un adaptador de red, perderás acceso a Internet |
| Raspberry Pi puede tener acceso a internet si tienes dos | Raspberry Pi necesitará una |

| adaptadores de red y la compartición está encendida | fuente de poder |
|---|---|
| Tendrás una configuración de red estable | Puedes necesitar un cable cruzado especializado |

## Aquí están los pasos cuando usas el sistema operativo Windows

1. Conecta un extremo del cable en el Raspberry Pi y el otro extremo en la pin de la laptop

2. Enciende el Raspberry Pi conectando la fuente de poder micro-USB

3. Abre el panel de control y elige Conexiones de Redes, luego selecciona dos adaptadores de red (por cable e inalámbrico) al mismo tiempo haz clic derecho y escoge conexión de puente

4. Resetea el Raspberry Pi, puedes usar un USB como cable de serial TTL para hacer esto, o usa el botón de reseteo directamente, luego tu Raspberry Pi obtendrá una dirección IP del servidor DHCP

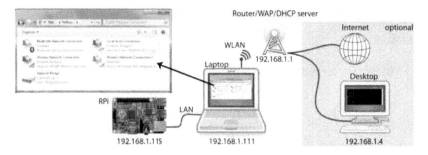

## Comunicarse con Raspberry Pi

---

Luego de conectar el Raspberry PI, la siguiente cosa que harás es que te comunicarás con el Raspberry Pi. Puedes conectar el Raspberry Pi usando un serial conectándote con un USB o TTL o usando la conexión de redes como hicimos antes. Es un método de comunicación de retroceso cuando algo va mal con los servicios de software en el tablero Raspberry PI. Puedes también usarlo para configurar redes inalámbricas en el dispositivo Rasbperry Pi

Para conectar el Raspberry Pi a través de la conexión serial, necesitarás un software terminal; puedes escoger PuTTY o RealTeerm en el sistema operativo Windows, si estás usando el sistema operativo Linux presiona Ctrl+Alt+T luego escribe gnome-terminal under Debian

Para encontrar el número de puerto, abre el Administrador de Dispositivos de Windows, dónde el dispositivo está listado como COMx

Configura la velocidad de conexión, por defecto será de 115200 para conectar el Raspberry Pi

Luego establece los siguientes valores: bits=8 Stop bits=1; Parity=none; and Flow control = XON/.XOFF

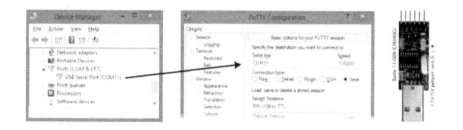

## Conectar el Raspberry PI vía SSH

El Secure Shell (SSH) es un protocolo de red útil para comunicación segura encriptada entre dispositivos de red, el SSH está corriendo en el puerto 22, también peudes usar Putty para conectar el Raspberry PI vía SSH

## Comandos Básicos de Linux

| Comando | Descripción |
|---------|-------------|
| More/etc/issue | Retorna la Versión de Linux |
| pp –p $$ | Retorna el Shell que estás usando ( como bash) |
| whoami | Retorna como quién estás iniciado |
| uptime | Retorna por cuánto ha estado corriendo el sistema |
| top | Lista todos los procesos y |

| | |
|---|---|
| | programas ejecutándose |
| | |

## Comandos de Archivo de Sistema

| Nombre | Comando | Información | Ejemplo |
|---|---|---|---|
| **List files** | ls | Muestra todos los archivos | ls –alh |
| **Current directory** | pwd | Muestra el directorio funcionando | pwd -p |
| **Change directory** | cd | Cambia el directorio | cd / |
| **Make a directory** | mkdir | Crear un directorio | mkdir new |
| **Delete directory** | rm | Borrar directorio | rm new |
| **Copy a directory** | cp | Copia recursiva | cp new new2 |

| | | | |
|---|---|---|---|
| **Create an empty file** | touch | Crea un archivo en blanco | touch f.txt |
| **Get the calendar** | cal | Muestra el Calendario | cal 7 2017 |

# Preguntas Capítulo 2

1. ¿Describe algunas características de Linux?

2. ¿Qué es el protocolo SSH?

3. ¿Lista las ventajas y desventajas para el cable de cruce de Ethernet?

4. ¿Qué comando usarás para mostrar el directorio funcionando actualmente?

# Capítulo 3

# Introducción a Linux Incrustado

**Lo que aprenderás en este capítulo**

🏭 Tableros Raspberry Pi

**Lo que necesitarás para este capítulo**

🏭 Comprender Linux Incrustado

🏭 Más comandos de Linux

## Introducción a Git

• Primero que todo, el término Linux incrustado no es técnicamente correcto al cien por ciento porque no hay un kernel especial de Linux para sistemas incrustados; es el mismo kernel Linux para cualquier otro dispositivo.

• Cuando usamos el término Linux incrustado, nos referimos a que usamos el sistema operativo Linux en sistemas incorporados, pero tienen diferentes características para el dispositivo de computación de propósito general como los siguientes:

- Los sistemas incrustados tienen aplicaciones específicas y dedicadas

-Tienen memoria, energía y capacidad de almacenamiento limitadas

-Casi son parte de un sistema más grande que puede ser conectado a sensores o actuadores

-Su incorporación puede ser en automóviles, aviones y dispositivos médicos

-Trabajan en tiempo real (las salidas están relacionadas a sus entradas presentes directamente)

• Puedes ver sistemas incrustados en todos lados cada día de la vida por ejemplo, incluye máquinas vendedoras, electrodomésticos, teléfonos/ teléfonos inteligentes, TVs, coches (Sistemas de aparcamiento, Sistemas de Asistencia de manejo Avanzados

## Ventajas y Desventajas de Linux Incrustado

---

• El sistema operativo Linux es eficiente y escalable, peude correr en todo desde dispositivos de bajo costo hasta grandes y caros servidores

• Linux tiene un gran número de aplicaciones de código abierto y herramientas para muchos

• Código abierto=Gratis

●**Su única desventaja** es que no puede tratar con aplicaciones en tiempo real debido a los gastos generales del sistema operativo, así que si desarrollas aplicaciones de respuesta rápida, como procesamiento de señales análogas, el Linux incrustado no será la mejor opción, pero en casos especiales podemos manejar los sistemas en tiempo real usando Linux Incrustado

## Iniciar el Raspberry Pi

Si inicias tu computadora de escritorio verás la Interfaz Unificada de Firmware Extensible (por sus siglas en inglés UEFI), la cual brinda servicios soporte de patrimonio para BIOS (Basic/Input/Output System). El menú de Inicio muestra la información del sistema y puedes cambiar la configuración presionando cualquier tecla. UEFI prueba el hardware de tus computadoras como la memoria, el disco duro, y luego carga el sistema operativo desde el Disco Duro de estado Sólido ( por sus siglas en inglés SSD). Cuando una computadora de escritorio es encendida, el UEFI/BIOS realiza estos pasos:

1. Toma control del procesador de tu computadora

35

2. Prueba los componentes del hardware

3. Carga el sistema operativo desde tu disco duro

## Raspberry Pi Bootloaders

---

Como cualquier dispostivo con Linux incrustado, el Raspberry Pi no posee un BIOS por defecto. De hecho, usa una combinación de Bootloaders. Los Bootloaders son programas usados para conectar tu hardware y tu sistema operativo

● Chequea los controles como la memoria, I/O

● Prepara la memoria para el sistema operativo

● Carga el sistema operativo pasando el control a él

En la siguiente ilustración puedes encontrar la secuencia del proceso de arranque en el Raspberry Pi

● También puedes encontrar la misma información usando el comando dmesg | más en la terminal

## Kernel y Espacio de Usuario

● EL espacio del kernel es el área en la que el Linux corre, es un área de la memoria del sistema, pero el área en la que corren las aplicaciones regulares es llamada espacio de Usuario, hay un fuerte lazo entre el Kernel y el espacio de usuario y esto es para evitar que el kernel falle, en caso de que el usuario escriba mal un código

● El kernel de Linux tiene acceso completo al recurso físico incluyendo memoria en el tablero Raspberry PI

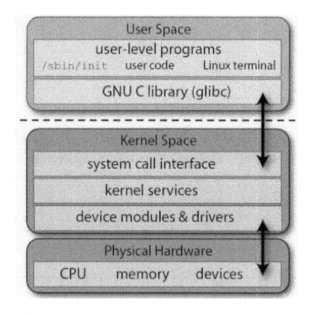

**Más comandos en Linux (algunos comandos de sistema)**

**systemct1 :** Lista todos los servicios en ejecución

**systemect1 start ntp:** Inicia un servicio. No persiste luego reiniciar

**systemct1 stop ntp:** Detiene un servicio. No persiste luego de reiniciar

**systemct1 enable ntp:** Permite que un servicio empiece en el inicio

**systemct1 disable ntp:** Evita que un servicio empiece al inicio

**systemct1 reload ntp:** Recarga los archivos de configuración para que un servicio se ejecute en el inicio

• **El Super Usuario (Super User)** en Linux= el administrador del sistema quien tiene el mayor nivel de acceso de seguridad a todos los comandos, puedes usar la terminal como super usuario escribiendo el comando sudo passwd root

# Creemos un nuevo usuario en Raspberry Pi

## Llamado USER

## Abre la ventana terminal y escribe los siguientes comandos:

pi@erpi- $ sudo adduser USER

Adding the user 'USER' . . .

Adding new group 'USER' (1002) . . .

 Adding new user 'USER' (1001) with group 'USER' . . .

Creating home directory '/home/USER' . . .

Copying files from 'etc/skel' . . .

Enter new UNIX password: enter your password

Retype new UNIX password: enter your password

Passwd: password updated successfully


## Control de Versión Git

Git es un sistema que permite rastrear tus cambios al contenido del software que estás desarrollando

Hay dos tipos de sistemas de control de versión

• Distribuido: como Git usa tales sitemas, no puedes realizar cambios, pero puedes clonar el repositorio entero, clonar significa copiar y puede volverse la copia maestra si se requiere

• Centralizado: como Apache (SVN), trabaja en sistemas, así encontrarás una copia maestra de tu proyecto, y luego puedes realizar cambios

Para más detalles

Puedes visitar git.kernel.org

# Preguntas del Capítulo 3

1. ¿Qué es Linux incrustado?

2. Crea un usuario llamado "your name" en el Raspberry Pi

3. ¿Describe el concepto de controles de versión y sus tipos?

4. Lista la secuencia del proceso de inicio en el Raspberry Pi

# Capítulo 4

# Trabajando con Electrónica

## Lo que aprenderás en este Capítulo

Tableros Raspberry Pi

## Lo que necesitarás para este capítulo

Entender lo básico de componentes electrónicos

Conectar electrónicas con el Raspberry Pi

## Componentes Electrónicos

## Multímetro Digital

Por sus siglas en inglés DMM es un dispositivo para medir el voltaje, corriente, y resistencia.

Si no tienes uno, intenta comprar uno con las siguientes características

● **Auto rango:** para detectar automáticamente el rango de medidas

● **Auto apagado:** para ahorrar energía, y no malgastar tu batería

● **Verdadero RMS:** los Multímetros con esta características usan un cálculo verdadero para analizar dispositivos controlados de fase como dispositivos de estado sólido

## Introducción a los circuitos eléctricos

---

● **Ley de Ohm**→ V = I X R

Esta es la ecuación más importante que necesitarás

● **V** para **Voltaje,** el voltaje es la diferencia de potencial entre dos puntos del circuito. Por ejemplo, si tienes un tanque de inercia de agua que está conectado al grifo. El agua fluirá si abres el grifo, debido a la altura del tanque y la gravedad, pero si el grifo está a la misma altura que la cima del tanque de agua, no fluiría agua en este caso porque no hay energía potencial, el voltaje tiene el mismo comportamiento, si uno de los lados tiene mayor voltaje que el otro, la corriente fluirá a lo largo del componente

• **I para Corriente,** medida en amperios (A), es el flujo de carga eléctrica, cómo en el ejemplo del tanque de agua la corriente será el flujo de agua desde el tanque hasta el grifo

• **R para Resistencia R,** medida en ohms, es algo que reduce el flujo de corriente a través de la disipación de la potencia, la potencia (P) se expresa en watts (W), P=VXI

Por ejemplo si deseas comprar un resistor que limite la corriente a 100mA usando una fuente de 5V, puedes calcularla de la siguiente forma $R = VR/(IR = 5\ V)/(100\ mA) =$ **50 Ω,** y la potencia será $P = VI = 0.5W$

• *La resitencia total de los resistores en serie es $= R1 + R2 + ... + Rn$*

• *El voltaje a lo largo del mismo resistor $V = Vr1 + Vr2 + .... + Vr3$*

Implementemos los circuitos del Raspberry Pi en un tablero de circuitos

Usaremos un tablero de circuitos para hacer prototipos de circuitos y funciona muy bien, en el próximo circuito usaremos dos rieles de poder horizontales para 3.3V y 5V de energía. Las terminales del GPIO del Raspberry Pi consisten de terminaciones macho, así que tendrás que usar conectores hembras para conectar el circuito

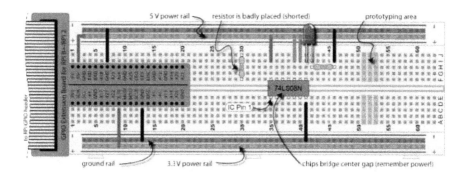

- Conecta el circuito como se muestra en la figura de arriba

## Multímetro Digital y el tablero de circuitos

- Podemos medir el voltaje en el circuito conectando el multímetro en paralelo (la sonda negra en el COM)

• Si deseas medir la corriente en el circuito deberías conectar el circuito al mismo circuito abriéndolo y cerrándolo usando el multímetro

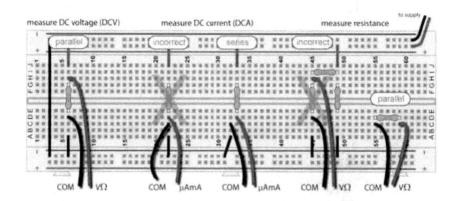

• Un regulador de voltaje es un dispositivo que toma la entrada de voltaje variable y produce un voltaje constante, los modelos Raspberry Pi B+ y el Raspberry Pi 2/3 tienen un convertidor de eficiencia dual PWM DC TO DC que puede aplicar distintos niveles de voltaje fijados en el circuito, hay salidas de 5V, 3.3V y 1.8V. Puedes usar las de 5V y 3.V en las cabezas del GPIO del Raspberry Pi, puede soportar hasta 300mA con la de 5V (pins 2 y 4)

Y 50 mA en los conectores de 3.3V (pins 1 y 17)

• Si quieres una corriente más grande puedes usar un regulador externo que es usado para componentes como motores

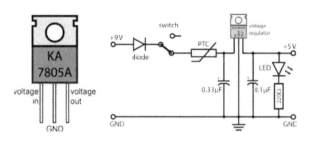

Un diodo es un semiconductor que permite el paso de corriente en una dirección

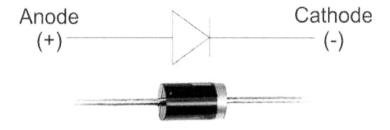

Light Emitting Diode (LED)

O en español: Diodo Emisor de Luz, es una fuente de luz

basada en un semiconductor usada principalmente para

propósitos de depuración

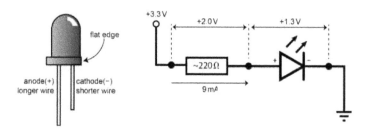

## Capacitor

Un capacitor es un componente eléctrico que almacena

energía eléctrica

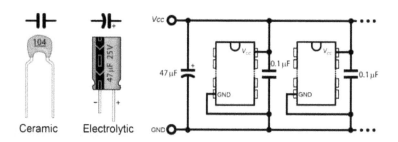

- El primer número es el primer dígito del valor

- El segundo número es el segundo dígito del valor

- El tercer número es el número de ceros

**Por ejemplo:**

$104 = 100000pF = 100nF = 0.1\mu F$

**Transistores**

Los transistores son unos de los componentes principales de cualquier microprocesador o cualquier sistema electrónico, usamos transistores para amplificar una señal encendida o apagada, puedes también usarlo como un interruptor.

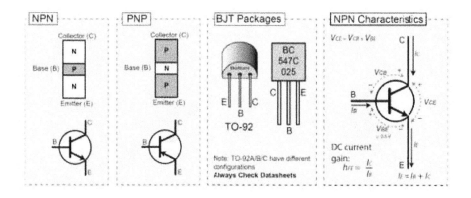

# Preguntas del Capítulo 4

1. Explique la Ley de Ohm

2. ¿Qué es la resistencia?

3. ¿Cuáles son los beneficios de usar reguladores?

4. ¿Describa cómo funciona un diodo?

# Capítulo 5

# Programación en Raspberry Pi

**Lo que aprenderás en este capítulo**

🏭Programar el Raspberry Pi usando diferentes lenguajes

🏭Mostrar la diferencia entre el compilador y el intérprete

🏭Iniciación a la programación Python

**Lo que necesitarás para este capítulo**

🏭Tablero Raspberry Pi

🏭Resistores, tablero de circuitos, LEDs, transistores

## Introducción

En este capítulo usaremos muchos lenguajes de programación para el Raspberry Pi, incluyendo escritura y compilación de lenguaje. Echaremos un vistazo a la estructura y sintaxis de cada lenguaje. Las ventajas y desventajas de cada lenguaje con ejemplos, pero principalmente nos enfocaremos en el lenguaje de programación Python.

Cualquier lenguaje de programación disponible en el sistema operativo Linux estará disponible también para el Raspberry

Pi, luego puedes escoger el lenguaje adecuado dependiendo del tipo de aplicación

Si te gustaría hacer alguno de estos:

● Escribir un driver (o controlador) de dispositivo para Linux

● Desarrollar una interfaz de usuario gráfica

● Diseñar una aplicación web

● Diseñar una aplicación móvil

Cada opción impactará la elección del lenguaje adecuado, pero hay una diferencia entre el desarrollo para sistemas incrustados y el desarrollo para otras plataformas como aplicaciones de escritorio, web o móviles, cuando desarrollas para el sistema incrustado. Deberías mantener en mente lo siguiente:

● Deberías escribir un código limpio

● Optimizar el código si y sólo si lo completaste

● Deberías tener un buen entendimiento del hardware en el que estás desarrollando

## Lenguajes en Raspberry Pi

Creo que ahora te debes preguntar en tu mente "Qué lenguaje de programación debería usar en el Raspberry Pi para garantizar el mejor desempeño." De hecho es una pregunta difícil de responder porque como dijimos antes, depende del tipo de aplicación que estés desarrollando.

• Interpretado: el código fuente no será traducido directamente al código de la máquina, pero el interpretador leerá tu código y lo ejecutará línea por línea.

• Compilado: el compilador traducirá el lenguaje directamente al código de la máquina (0s y 1s)

• JIT: Compilado justo a tiempo, significa que tiene la característica del lenguaje compilado que es traducir el código fuente directamente al código de la máquina, y también tiene el lenguaje del intérprete que traduce el código línea por línea.

  También puedes ver Cython, esto te permite generar código C desde tu código Python. Usaremos algunos ejemplos usando Cython y la versión extendida de Python

**Escribe los siguientes comandos en la terminal si quieres fijar la frecuencia del CPU**

$sudo apt install cpufrequtils

$cpufreq-info

**Para fijar la frecuencia de escritura del reloj, usa los siguientes comandos**

$sudo cpufreq-set -g performance

$cpufreq-info

$sudo cpufreq-set –f 700MHz

$cpufreq-info

**Ejemplo: configurar un LED con conectores de Raspberry Pi usando un transistor (conexión)**

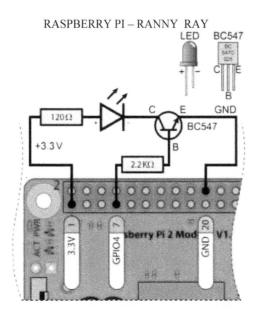

## Ejemplo: configurar un LED con conectores de Raspberry Pi usando un transistor

Luego de conectar el circuito como se muestra, puedes usar Linux para controlar los conectores del Raspberry Pi con el siguiente código

```
$ cd /system/class/gpio
```

```
/system/class/gpio $ ls
```

```
/system/class/gpio $ echo 4 > export
```

```
/system/class/gpio $ ls
```

/system/class/gpio $ cd gpio4

/system/class/gpio/gpio4 $ ls

## Ahora es tiempo de controlar el GPIO 4

/system/class/gpio/gpio4 $ echo out > direction

/system/class/gpio/gpio4 $ echo 1 > value

/system/class/gpio/gpio4 $ echo 0 > value

Un lenguaje de escritura es un tipo de programación de computadora que se usa para escribir guiones que son interpretados directamente sin ningún compilador

# Hay muchos tipos como los siguientes lenguajes

● **Python**: es un lenguaje genial y bastante fácil de aprender y usar para escribir, y soporta funciones orientadas a objetos

● **Bash**: Buena elección para tareas cortas y no necesitas estructuras de programación avanzada

● **Perl**: Puedes usar este lenguaje para escribir o procesar datos. Te permite escribir código en paradigmas orientados a objetos

● **Lua**: este lenguaje de escritura usado mucho con aplicaciones incrustadas es un lenguaje ligero y soporta el estilo de programación orientado a objetos

## Ejemplo: controlar el LED usando Bash

LED-IO = 5 # use a variable called LED with value 5

Function blinkLED

{

  Echo $1 >> "/sys/class/gpio/gpio$LED_IO/value"

}

If [$# -ne 1]; then

echo "No command has been entered".

echo " on or off "

echo –e " setup the LED "

exit 2

if

echo"The command has been entered is $1"

if ["$1" == "setup"]; then

echo "IO $1"

```
echo "the LED is on"

echo $LED_IO >> "sys/class/IO/export"

sleep 1

echo "away" >> "sys/class/IO$LED_IO/direction"

elif ["$1" == "on"]; then

echo "LED is on"

blinkLED 1

elif ["$1" == "off"]; then

echo "LED is off"

blinkLED 0

elif [$1 == "status"]; then

state=$(cat "/sys/class/IO/IO$LED/value")

echo "LED State is: $state"

elif ["$1" == "end"]; then

echo"Io num $LED_IO"
```

```
echo $LED_IO >> "/sys/class/IO/unexport"

fi
```

## Ejemplo: controlar el LED usando Lua

```
local LED4_PIN = "sys/class/IO/IO4"

local SYSFS_DIR = "sys/class/IO/"

local LED_Num = "4"

function writeIO(dir, filen, val)

file = IO.open(dir..filen,"w")

file:write(val)

file:close()

end

print("Driving the LED")

ifarg[1] == nil then

print("you should enter a command")
```

```
print(" usage is: command")

print("1 -> on or 0-> off")

do return en

end

if arg[1] == "off" then

print("The LED is on")

wirteIO("LED4_PIN", "val", "1")

elseif arg[1] == "configure "then

print("the LED is off")

WirteIO(LED4_PIN, "val", "0")

Elesif arg[1] == "configure"

Print("configure the IO")

WriteIO(SYSFS_DIR, "xport", LED_NUM)

Os.execute()

WriteIO(LED4_PIN,"DIR","out")
```

Elseif arg[1]=="sta"then

Print("turn IO off"

Print("find the LED sta")

File=io.open(LED4_PIN.."val","r")

File:close()

Else

Print("please insert a valid command")

End

Print("the end")

**Ejemplo: controlar el LED usando Python**

Import sys

From time import sleep

LED4_PIN = "/sys/class/IO/IO4"

```
SYS_DIR = "/sys/class/IO"

LED_NUM = "4"


def wLED(fname, val, PIN = LED4_PIN)

"This function to set the value on the file"

Fileo = open(PIN + fname,"w")

Fileo.write(val)

Fileo.close()

Return


Print("start the script")

If len(sys.argv) !=4

Print("incorrect argument")

Sys.exit(4)

If.argv[1]=="on"
```

```
Print("the LED is on")

wLED(fname="val", val="1")

elif sys.argv[1] =="turn off"

 print("The LED is off")

wLED(fname="val", val="0")

elif sys.argv[1]=="configure":

print("configure the IO")

wLED(fname="xport", val="LED_NUM",
PIN=SYS_DIR)

sleep(0.1)

wLED(fname="DIR", val="out")

eleif sys.argv[1] == "close"

print("The IO I off")

wLED(fname="unexport", val=LED_NUM,
PIN=SYS_DIR)

eleif sys.argv[1]=="state"
```

```
print("the LED state")

fileo = open(LED4_PIN + "val", "r")

print(fileo.read())

fileo.close()

else

print("please enter a valid command")

print("end of the script")
```

# Preguntas del Capítulo 5

1. ¿Cuál es paradigma orientado a objeto?

2. Defina la diferencia entre los lenguajes compilados e interpretados

3. Escriba el código Python para encender un LED en GPIO 4 60 veces en un minuto

# Capítulo 6

# Entrada y Salida en Raspberry pi

**Lo que aprenderás en este capítulo**

📖Interactuar en Raspberry Pi

📖Concepto PWM

📖Entender la importancia de los resistores de levantamiento y descenso

# Lo que necesitarás para este capítulo

📇Tablero Raspberry Pi

📇Botones, transistores

📇LEDs

## Introducción

---

En este capítulo usarás lo que has aprendido en los cinco capítulos previos: Linux, lo básico de electrónica y Programación, de modo que empezarás a trabajar con las entradas/salidas de propósito General en el Raspberry Pi, también trabajaras con Modulación de Amplitud de Pulso ( por sus siglas en inglés PWM), al final trabajarás con la Biblioteca WiringPi, así que empecemos…

Luego de mostrarte cómo administrar el sistema operativo Linux y practicar distintos tipos de líneas de comando, construir circuitos electrónicos, programar usando distintos lenguajes de programación, es tiempo ahora de integrar todas estas cosas para controlar el Raspberry Pi de distintas formas como las siguientes

RASPBERRY PI – RANNY RAY

● Usando los buses, por ejemplo SPI, I2C

● Usando UART en el GPIO

● Comunicarse por Wi-FI o Bluetooth con componentes electrónicos

● Conectar tus dispositivos USB como teclados, módulos de Wi-Fi…

Ahora usaremos la cabeza del GPIO para conectar el Raspberry Pi a los circuitos. En el siguiente ejemplo te daremos un vistazo de las funciones de la cabeza GPIO, encontrarás que muchos de los conectores están multiplexos, lo que significa que el mismo conector puede hacer más de uno.

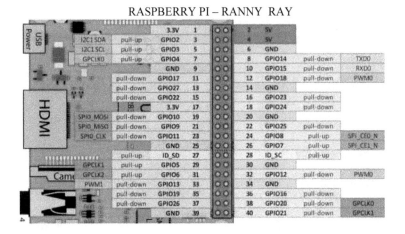

## Entradas/Salidas de Propósito General

## Puedes usarlas para los siguientes propósitos

● **Entrada Digital:** en este caso puedes leer una salida digital de un dispositivo electrónico/circuito

● **Salida Análoga:** puedes usar Modulación de Amplitud de Pulso para generar una señal que puede usarse como un nivel de voltaje para controlar dispositivos como servo motores

● **Salida Digital:** puedes usar un GPIO para encender el circuito o para apagarlo, por ejemplo, cuando usas un LED o relé (interruptor) para encender/apagar dispositivos de alto voltaje

● **Entrada Análoga:** no puedes usar esta servicio (ADC) directamente en el Raspberry Pi, pero puedes añadirlo usando dispositivos bus

**Entrada/Salida de Propósito general, salida digital**

En este ejemplo usamos un GPIO para conectar un FET al interruptor del circuito

Cuando el voltaje es aplicado a la puerta, cerrará el interruptor para permitir el paso de corriente desde la fuente de 5 voltios usando el resistor de 220 ohm, esto se aplica en la imagen del lado derecho, puedes usar este circuito para muchas aplicaciones de entradas y salidas de encendido/apagado, porque el BS270FET puede manejar una corriente constante de hasta 400mA

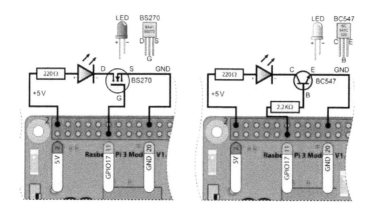

**Ahora probemos el desempeño de este circuito usando un pequeño guión Shell de bash para controlar el LED**

**Escribe lo siguiente"**

```
echo  17 > /sys/class/gpio/export

sleep 0.7

echo "" > /sys/class/gpio/gpio7/direction

count = 0

while [ $count –lt 100000]; do

echo 1 > /sys/class/gpio/gpio17/val

let count = count +1

echo 0 > /sys/class/gpio/gpio17/value

done

echo 17 > /sys/class/gpio/unexport
```

Esta es la lectura de la señal de salida de un osciloscopio.

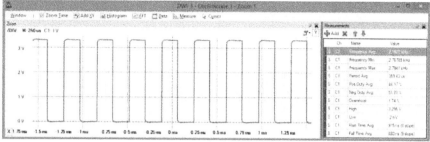

## Entrada/Salida de Propósito general, salida digital

En este ejemplo aplicaremos el concepto de entrada digital GPIO

Que permite leer algo como el estado de un botón o cualquier entrada encendido/apagado (0 o 1) usaremos tanto la terminal Linux y el lenguaje de programación c++ para llevar a cabo esta tarea. El circuito en las siguientes figuras usa un botón de presión normal (SPST) que está conectado a la pin del Raspberry Pi 13/GPIO27. No necesitarás resistores de levantamiento ni de bajada en los interruptores de botón, porque la pin 13 en la cabecera del GPIO está directamente conectada a tierra usando un resistor interno (resistor de bajada)

Abre la terminal de Linux y escribe lo siguiente

```
/sys/class/gpio/$ echo 27 >export

/sys/class/gpio/$ c gpio twenty seven

/sys/class/gpio/gpiotwentyseven $ ls

/sys/class/gpio/gpiotwentyseven $echo in > direction

/sys/class/gpio/gpiotwentyseven $ cat direction in

/sys/class/gpio/gpiotwentyseven $ cat value 0

/sys/class/gpio/gpiotwentyseven $ cat value 1
```

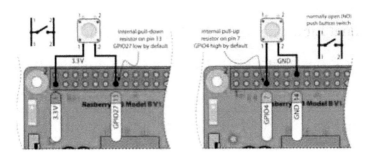

## Los resistors de bajada y levantamiento

---

• **Resistor de levantamiento:** como su nombre indica, aumenta el voltaje del cable que está conectado a la fuente cuando otros componentes en la trayectoria están inactivos y

están desconectados

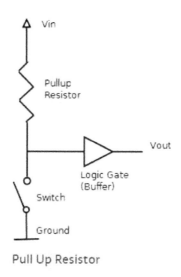

Pull Up Resistor

• **Resistor de bajada:** funciona como el resistor de

levantamiento pero conectado a tierra y retiene la señal

cuando los otros dispositivos están desconectados

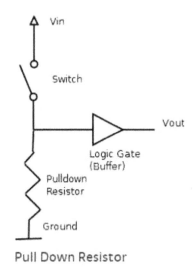

Pull Down Resistor

## Controla los GPIOs usando C++

Hay una clase de C++ con el las funciones sysfs del GPIO en el Raspberry Pi para hacerlo mucho más fácil de usar. Lo trasnfieres a cualquier dispositivo con Linux integrado. Hay otra aproximación llamada mapeada de memoria, que verás al final del capítulo, pero mantén en mente que todas estas aproximaciones son específicas para el tablero Raspberry Pi

#define GPIO_Address "/sys/class/gpio"

Namespace Raspberry {

```
enum GPIO_DIR{IN, OUT};

enum GPIO_VAL {low=0, HIGH=1};

enum GPIO_EDGE {none, rise, fall, both}

};


Class GPIO {

private:

int number, debounceTime;

string name, address;

public:

GPIO(int number);

Virtual int getNumber() {return number;}


// input and output configurations

Virtual int setDir(GPIO_DIR);
```

```
Virtual GPIO_DIR getDIR();

Virtual int setVal(GPIO_VAL);

Virtual int toggleOut();

Virtual GPIO_VAL getVal ();

Virtual int setActivelow(bool is low=true);

Virtual int setAciveHigh();

Virtual void setDebounceTime(int time)

{this-> debounceTime = time;

}

};

// Advanced, faster by open the stream

Virtual int streamopen();

Virtual int streamWrite(GPIO_VAL);

Virtual int streamClose();

Virtual int toggleOut(int time);
```

Virtual int toggleOut(int numOfTime, int time);

Virtual void changeToggTime(int time)


```
{

  This->threadRunning =false;

}
```

// input

Virtual int setEdgeType(IO_EDGE);

Virtual IO_EDGE getEdge();

Virtual int waitEdge();

Virtual int waitEdge(callbackType callback);

Virtual void waitEdgeClose() {this->threadRunning = false;}

Virtual ~IO(); // destructor

Private:

Int write(string address, string fname, string val);

Int write (string address, string fname, int val);

string read(string address, string fname);

int exportIO();

int unexportIO();

of stream;

thr_t thread;

callbackType callbackfunc;

bool thrRunning;

int togglePer;

int toggleNum;

friend void* thrpoll(void *val);

};


Void* thrpoll(void *val);

Void* thrtogg(void *val);

```
} /* namespace Raspberry*/
```

File c++control.cpp

```cpp
#include<iostream>

#include<unistd.h> //for usleep function

#include"GPIO.h"

Using namespce Raspberry

Using namespace std;

Int main()

{

GPIO outIO(17);

outIO.setDIR(OUT);


for(int I =0; I <10; i++)

{
```

```cpp
   outIO.setVal(HIGH);

usleep(400000);

outIO.setVal(LOW);

usleep(400000);

}

inIO.setDIR(INPUT);

cout << "input state is"<<inIO.getVal() <<endl;

outIOIstreamOpen()

for(int i =0; I < 100000000; i++)

{

  outIO.streamWrite(HIGH);

outIO.streamWrite(LOW);

}

outIO.close();

return 0;
```

En la siguiente figura vemos el desempeño del código cuando el método write() es usado mostrándose a 129kHz

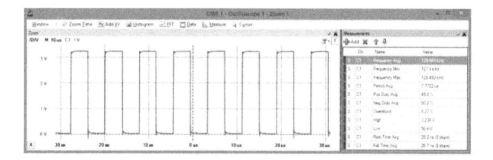

## POSIX

Ptherads es un conjunto de funciones escritas en lenguaje c para permitirte implementar hilos con programas c/c++. Necesitarás hios cuando desees correr algunas partes de tu código al mismo tiempo

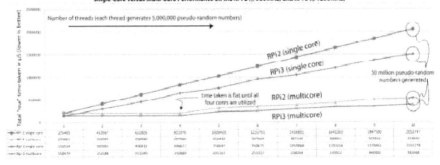

Single-Core versus Multi-Core Performance on the RPi 2 (@900MHz) and RPi 3 (@1200MHz)

## Modulación de Amplitud de Pulso- Desvanecimiento LED

El tablero Raspberry Pi tine la capacidad (MAP) para brindar conversión análoga a digital ( por sus siglas en inglés DAC) la cual es usualmente usada para dispositivos motores

Todos los tableros Raspberry Pi tienen pins de Modulación de amplitud de Pulso

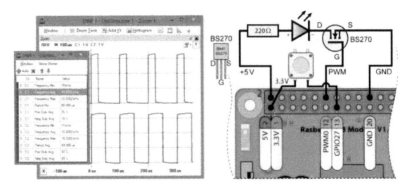

Usaremos el servicio MAP para desvanecer un LED cambiando el valor del ciclo de trabajo

Crea un archivo llamado LEDFading.cpp

Y escribe el siguiente código

```
#include <iostream>

#include <wiringPi.h>

#include <unistd.h>

Using namespace std;

#define LED_PIN 18

#define Button_PIN 27

Bool run = true;

Void buttPress(void)

{

  Cout<< "you pressed the Button";
```

```
Run = false

}

Int main ()

{

 wiringPiSetupIO();

pinMode(LED_PIN, OUTPUT);

pinMode(Button_PIN, INPUT);

wirinPisr(Button_PIN, INT_EDGE_Rise, &buttPress);

cout << "LED fading until the button is pressed";

while(run)

{

 For (int I =1; I <=1023; i++)

{

 pmWrite(LED_PIN, i);

usleep(1000);
```

```
}

  for(int i=1022; i>=0; i--)

{

  pmWrite(LED_PIN, i);

usleep(1000);      //delay

}

}

return 0;

}


}
```

# Preguntas del Capítulo 6

1. Describa la diferencia entre resistores de levantamiento y de bajada

2. ¿Qué es la Modulación de Amplitud de Pulso? ¿Cuántos pins hay en el Raspberry Pi?

3. Lista los propósitos de usar un pin de entrada/salida general en el Raspberry Pi

4. Usando c++ escriba un programa para controlar servo motor usando la pin MAP en el tablero Raspberry Pi

5. ¿Cuál es el beneficio de usar POSIX?

# Capítulo 7

# Introducción a los Protoclos de Comunicación

**Lo que aprenderás en este capítulo**

Entender el bus de comunicación

Más códigos con C/C++

**Lo que necesitarás para este capítulo**

Tablero Raspberry Pi

Monitor de siete Segmentos

Registrador de Cambios

# Introducción

---

En este capítulo trabajaras con los siguientes protocolos de comunicación

- SPI: interfaz serial periférica

- I2C: circuito integrado interno

- UART: Transmisor/Receptor Universal Asíncrono

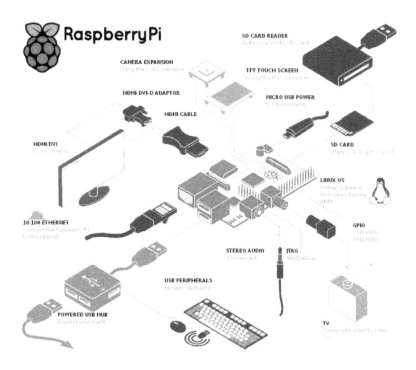

---

# I2C

---

El protocolo I2C o IIC es un protocolo con dos cables que fue inventado por la compañía Philips, el beneficio de este protocolo es interconectar microcontroladores con otros dispositivos periféricos. Puedes usarlo con el Raspberry de las siguientes formas:

● El Raspberry Pi actuará como el dispositivo maestro

● Los otros dispositivos se conectarán al Raspberry Pi y actuarán como esclavos en la misma conexión

**Las Ventajas de usar I2C**

● Puedes implementar el I2C usando sólo dos líneas de señales para comunicación, las cuales son los datos seriales y el reloj serial

- **Datos Seriales:** para transferir datos

- **Reloj Serial:** para sincronizar la transferencia de datos

● Cualquier dispositivo en el bus puede ser maestro o esclavo

Dispositivo maestro: el dispositivo que puede iniciar la comunicación

Dispositivo esclavo: el dispositivo que puede responder

● Hay un filtro de ruido integrado en el chip

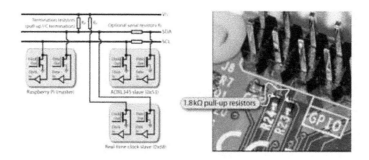

● En el Raspberry Pi el IIC es implementado usando el controlador Broadcom el cual soporta hasta 400.000Hz. NXP tiene el nuevo que soporta hasta 1.000.000 Hz

● Puedes ver los resistores de levantamiento en los datos seriales y el reloj serial, son sados como resistores de terminación, permiten al dispositivo maestro tomar control del bus con los esclavos

Para configurar el I2C en el tablero Raspberry Pi abre la terminal y escribe lo siguiente

Config.txt | grep i2c_arm

Luego guarda y reinicia; vamos a hacerlo disponible

Luego del reinicio, abre la terminal y escribe lo siguiente

Sudo modprobe i2c-bcm2708

Sudo modprobe i2c-dev

Lsmod | grep i2c

## En el tablero Raspberry Pi encontrarás los siguientes buses i2c

I2C1: Datos seriales de el Pin 3, reloj serial en el Pin 5, no encendidos por defecto

I2C0: Datos seriales en el Pin 27, Reloj serial en el Pin 28, esto se usa para administración de HAT

Para cambiar la tasa de baudio, abre la terminal y luego escribe lo siguiente

Sudo cat /sys/module/i2c_bcm2708/parameter/baudrate

**Reinicia y escribe lo siguiente**

Sudo cat /sys/module/i2c_bcm2708/parameter/baudrate 4000

## I2C en Programación C

Este programa puede correrse en cualquier dispositivo i2c

#include<stdio.h>

#include<fcnt1.h>

#include<sys/ioct1.h>

#include<Linux/i2c.h>

#include<Linux/i2c-dev.h>

#define size 19

Int bTOD (char b)

{

```
return (b/16)*10 + (b%16);

}



Int main()

{

   Int file;

  Printf("test is starting \n");

  If(file=open("/dev/i2c-1", o_RDWR < 0)

   {

    perror(" cannot open your bus\n ");

   return 1;

   }

   If(ioctl(file, I2C_SLAVE, 0x68) < 0)

   {
```

```
Perror ("cannot connect the sensor");

Return 1;

}

Char writeBuff[1] = {0x00};

If (write(file, wirteBuff, 1)!=1

{

Perror("Failed to set your entered address\n");

Return 1;

}

Char buff(Size);

If(read(file, buff, Size)!=Size)

{

  Perror("Failed to your data in the buffer\n");

}

Printf("Time is %02d:%02d:%02d\n", bTOD(buff[0]));
```

Float temp = buff[0x11] + ((buff [0x12] >>6)*0.25);

Printf("the temp : %f\n", temp);

Close(file);

Return 1;

}

## BUS SPI

---

SPI es el acrónimo de Serial Peripheral Interface o Interfaz Serial Periférica, es un enlace rápido de datos seriales dúplex que permite a los dispositivos como el Raspberry Pi comunicarse con otros dispositivos, pero en distancias cortas, así que al igual que el I2C, el Protocolo SPI también es síncrono, pero el I2C no es un bus totalmente dúplex a diferencia del SPI, así que si usas el SPI puedes enviar y recibir los datos al mismo tiempo. Usaremos el bus SPI para manejar un Monitor LED de siete segmentos usando un registrador de cambios de 8 bits.

Ahora echemos un vistazo a las diferencias entre IIC y SPI

**IIC:** dos cables, 128 dispositivos pueden ser conectados,

**SPI:** cuatro cables, y necesitas también conectarlo con lógica si quieres conectar más de un dispositivo esclavo

**IIC:** usa medio dúplex con 400000Hz, **SPI:** usa dúplex completo con 32MHz

**IIC:** necesitarás conectar resistores de levantamiento, **SPI**: no hay necesidad de conectar resistores de levantamiento

**IIC:** la característica más importante es que puedes tener múltiples maestros

**SPI:** bastante simple pero no más de un dispositivo maestro

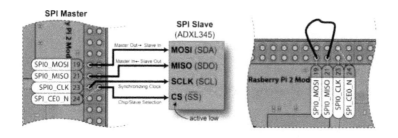

El Bus SPI funciona usando uno o cuatro modos, que son escogidos en base a la especificación definida en la hoja de

datos del dispositivo SPI. Los datos pueden ser sincronizados por la señal del reloj, y cualquiera de los modos de comunicación. La polaridad puede ser definida si el reloj está bajo o alto

**Modos SPI**

**Modo:** 0, **polaridad:**0 (bajo), **Fase de Reloj:**0

**Modo:** 1, **polaridad:**0 (bajo), **Fase de Reloj:**1

**Modo:** 2, **polaridad:**1 (alto), **Fase de Reloj:**0

**Modo:** 3, **polaridad:**1 (alto), **Fase de Reloj:**1

● No hay una tasa máxima de datos definida con el protocolo SPI, tampoco control de flujo, y no hay reconocimiento de comunicación

**Raspberry Pi y el Protocolo SPI**

El conector GPIO en el tablero Raspberry Pi tiene el bus SPI deshabilitado por defecto, pero puedes habilitar el bus con los siguientes pasos

● Añade una entrada al archivo /boot/config.txt/etc/modules

Cat config.txt | grep spi

Cat modules | grep spi

Sudo reboot

Ls spi*

## Aplicación SPI (monitor de siete segmentos)

El monitor de siete segmentos consiste de ocho LEDs que pueden ser usados para mostrar números decimales o hexadecimales. Hay muchos tipos con diferentes colores y tamaños.

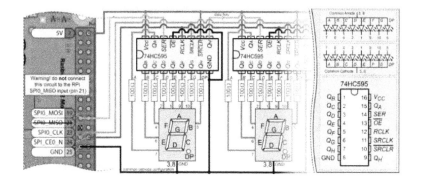

El 74HC595 puede ser conectado al tablero Raspberry Pi usando tres de las cuatro líneas SPI

• Conecta el SPIo_CLK a la entrada de Reloj Serial (pin 11) del 74HC595

• El beneficio del SPIo_MOSI es el de transferir los datos desde el tablero Raspberry PI a la entrada Serial 74HC595 (pin 14). Puede enviar 8 bits a la vez

• SPI_CE0_N está conectado a la entrada de Registro de Reloj para asegurar el 74HC595 a las pin s de salida a los LEDs

## La comunicación SPI en programación C

---

```
#include <stdio.h>

#include<cnt1.h>

#include<unistd.h>

#include<stdint.h>

#include<linuxspi/spidev.h>
```

```
#define SPI_ADDRESS "/dev/spidev0 .0"

Const unsigned char symb[16]=

{

  0b0011111, 0b00000110, 0b01011011, 0b1001111,

  0b01100110, 0b01101101, 0b01111101, 0b00000111,

0b01111111, 0b01100111, 0b01110111, 0b01111100,

0b00111001, 0b01011110, 0b01111001, 0b01110001

};

Int transferData(int lg, unsigned char se, unsigned char rc[],
int le)

Struct spi_ioc transfer trans;

Transfer.txx_buff = (unsigned long) se;

Transfer.rx_buff = (unsigned long) rc;

Transfer.le = le;

Transfer.speed_hez = 1000000; // speed in herz

Transfer.b_per_w = 8; // bits per word
```

```
Transfer.del_us = 0; // delay in micro second

Transfer.cx_change = 0; //chip affect transfer

Transfer.tx_nbits=0; //no bits for writing

Transfer.rx_nbits=0; //no bits for reading

Transfer.pd = 0; //interbyte delay

Int status = ioct1(lg, SPI_IOC_MESSAGE(1), &transfer);

If(status < 0)

{

  Perror ("*SPI: SPI_IOC_MESSAG Failed ");

Return -1;

}

 Return status;

}

Int main (){

 Unsigned int lg, I; //file to handle and loop counter
```

```
Unsigned char null=0x00; // only sending one char

Unit8_t mode = 3;     //SPI mode


If (lg = open(SPI_ADDRESS, o_RDWR) <0 )

{

  Perror ("SPI Error: cannot open the device");

Return -1;

}

If (ioctl(lg, SPI_IOC_RD_MODE, &MODE)==-1)

{

  Perror("SPI: Cannot set the mode of SPI");

Return -1;

}

If(ioctl(lg, SPI_TOC_WR_MODE, &mode)==-1))

{
```

```
    Perror("SPI: Cannot get the mode of SPI");

Return -1;

}

Printf("SPI Mode: %d\n", mode);

Printf("count in hexa from 0 to F");




For(i=0; i<=15; i++)

{

    // this code to receive and send the data

    If(transfer(lg, (unsigned char*), &symb[i], &null, 1)==-1)

    Perror ("cannot update the display");

    Return -1;

}
```

Printf("%5d\r", i); //print the nun in the terminal window

fflush(stout); // flus the output

usleep(60000) // delay for 600ms in each loop

}

Close(lg);

Return 0;

}

Puedes usar la función ioct1() para anular la configuración actual del dispositivo, pero si añades xx puedes leer y escribir

• SPI_IOC_XX_MOE: El modo de Transferencia del SPI (0-3)

• SPI_IOC_XX_BITS_PER_WORD: determina el número de bits en cada palabra

• SPI_IOC_XX_LSB_FIRST: 0 es MSB, 1 es LSB

● SPI_TOC_XX_MAX_SPEED_HZ: es para fijar la tasa máxima de transferencia en Hz

## UART

---

UART es el acrónimo de Universal Asynchronous receiver/Transmitter, o en español: Transmisor/Receptor Universal Asíncrono; es un dispositivo de microprocesador periférico que es usado para transferencia de datos seriales, un bit a la vez, entre dos dispositivos, UART era un único IC antes, pero ahora está integrado con el microcontrolador de host. Un UART es descrito como asíncrono porque el transmisor no puede enviar una señal de reloj al receptor para sincronizar la transmisión. Usualmente los datos son enviados por sólo dos líneas como al igual que tu línea de teléfono en uso sólo transmite la conexión de datos (TXD) y recibe la conexión de datos (RXD). Es bastante común usar el nivel lógico para las salidas y entradas de UART para permitir a dos UARTs conectarse entre sí.

El número de símbolos por segundo es llamada la tasa de baudio o tasa de modulación; el símbolo podrían ser dos bits, de modo que la tasa de byte será 1/8 de la tasa de bits

Esta figura representa el formato de transmisión UART para un byte

En el tablero Raspberry Pi encontrarás lo siguiente

El Raspberry Pi tiene un UART completo y puedes acceder a él por medio del conector GPIO

- TXD0 (pin8): para transmitir datos a un receptor

- RXD0 (pin 10): para recibir datos de un transmisor

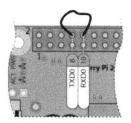 

El directorio /dev tiene una entrada para ttAMA0, este es el dispositivo terminal, el cual es una interfaz de software que te permite enviar y recibir datos

## Ventajas y desventajas de la comunicación UART

● Transmisión bastante sencilla por cable con revisión de error, **pero** la tasa máxima de daos es bastante baja comparado a otros como el SPI

● Fácil de implementar para interconectar dispositivos incorporados y PCs, **pero** el reloj en ambos dispositivos deben ser precisos, especialmente a una alta tasa de baudio

● Puede ser interconectado a interfaces físicas RS, para permitir comunicación a larga distancia a más de 15 metros, **pero** necesitas conocer la configuración del UART por adelantado, como la tasa de baudio, tamaño y tipo de revisión

## UART en Programación C

```
#include <stdio.h>

#include<fcnt1.h>

#include<unistd.h>

#include<termios.h>
```

```c
Include<string.h>


Int main(int argc, char *argv[])

{

  Int myFile, myCount;

If(argc!=2)

{

 Printf("please enter a string to your program\n");

Return -2;

}

If(myFile =open("/dev/ttAMA0", O_RDWR | O_noctty | O_NDELAY) < 0 )

{

  Perror ("cannot open the device");

Return -1}

Struct termios options;
```

```
Tcgetarr(file, &options);

Options.c_cflag = b115200 | cs8 | CREAD | CLOAL;

Options.c_iflag = IGNPAR | ICRNL;

Tcflush(myFile, TCANOW, &options);

Tcflush(myFile, TCLFULUSH)

Tcsetattr(file, TCSANOW, &options);

If(count = write(myFile, argv[1], strlen(1)))<0)

{

 Perror("UART: cannot write to the output\n");

Return -1;

}

Write(myFile, "\n\r",2);

Close(myFile);

Return 0;

}
```

En el código anterior hemos usado estructura termios

La estructura termios tiene muchos miembros

- tcflag_t c_iflag: para fijar los modos de entrada

- tcflag_t c_oflag: para fijar los modos de salida

- tcflag_t c_cflag: para fijar los modos de control

- tcflag_t c_1flag: para fijar los modos locales

- cc_T c_cc [NCCS]: Usado para caracteres especiales

# Preguntas del Capítulo 7

1. Compare el IIC y el SPI

2. ¿Defina UART?

3. ¿Implemente el UART en C?

4. ¿Liste las ventajas del SPI?

# Capítulo 8

# Programación Python para Raspberry Pi

## Lo que aprenderás en este capítulo

Empezar a programar con Python

 Usar Python para automatización

Controlar el hardware con Python

## Lo que necesitarás para este capítulo

Lo que necesitarás para este capítulo

Resistores, LEDs

## Introducción a la **Programación Python**

---

En esta parte de este capítulo aprenderás a usar Python para desarrollar algo de encriptación básica, entrada de usuario, y a crear una interfaz de usuario gráfica

Empecemos con el ejemplo de la palabra "hello" (hola en inglés) como en cualquier lenguaje de programación

Crea un archivo llamado hello.py usando el editor de texto nano

Nano –c hello.py

Dentro del archivo escribe el siguiente código

#!/usr/bin/python3

#hello.py

Print ("Hello World")

Luego de escribir el código, guarda y sal. Puedes correr el archivo usando el siguiente comando

Python3 hello.py

Deberías conocer más acerca de cuerdas si quieres comenzar con Python

Una cuerda es una secuencia de caracteres almacenados juntos como un valor. Escribiremos código para obtener la entrada de usuario, usando manipulación de cuerda para cambiar las letras y luego imprimir el mensaje encriptado de la entrada de usuario. Puedes quizás usar editores de texto que puedan estar directamente en tu Raspberry Pi, o por medio de VNC o SSH. Hay muchos editores de textos que de entre los que puedes escoger

● nano: Puedes trabajar con este editor desde la terminal

● IDLE3: este editor incluye el resalto de sintaxis, contexto de ayuda, pero el programa requiere x-windows o x11 para correr remotamente usaremos Python 3, así que asegúrate de que corres IDL3 y no IDLE

●Geany: este editor es un Ambiente de Desarrollo Integrado, o por sus siglas en inlgés IDE, que soporta muchos lenguajes de programación, resaltado de sintaxis, auto terminación y un código de navegación bastante sencillo. Este es un editor rico, pero no para principiantes y será lento en el Raspberry Pi. Si quieres instalar Geany, escribe el siguiente comando

 Sudo apt-get install Geany

Para asegurarte de que el editor Geany usa python3:

Haz clic en el botón ejecutar para correr el código, necesitarás cambiar los comandos hechos. Cargar el archivo y hacer clic en fijar comandos hechos y luego cambiar python a python3

Vamos a crear el programa

#!/usr/bin/python3

#ecryptionprogram.py

#takes the input and encrypt it

def encrpytText(input_text,key);

output=""""

for letter in input_text:

#Ascii Uppercase 65-90 lowercase 97 -122

Ascii_val = ord(letter)

#now write the following code to exclude non characters from encryption

If(ord("A") > Ascii_val) or (Ascii_val > ord("Z")):

Output+=letter

Else:

#write this code to apply the encryption key

Key_val = Ascii_val + key

#make sure that we use A-Z regardless of key

If not((or("A")) < key_val < or("Z")):

 Key_val = ord("A") + (key_val-ord("A"))\

      %(ord("Z") −ord("A")+1)

#add the encrypted letter to the output

Output+=str(chr(key_val))

Return output

#Test

```
Def main()

Print ("please enter any text to encrypt")

#get user input

Try:

Us_input = input();

Sc_result = ecryptText(us_input, 10)

Print ("output: ", sc_result)

Print("to un-scramble , pls press enter")

Input()

Un_result = ecryptText(Sc_result, -10)

Print ("output: " + un_result)

Except UnicodeDecodeError:

Print ("this program supports ASCII characters only")

Main()

#end of the program
```

El código anterior implementa un método básico para codificar el texto usando sustitución de caracteres, llamado Caesar Cipher. Nombrado como el emperador Julio César, quien usó este método para enviar sus secretos al ejército.

Hemos definido dos funciones, encryptText() y main().

También cuando el código está en ejecución, la principal función contiene la entrada de usuario usando el comando input(). El resultado es alamacenado como una cuerda en la variable us_input

Us_input=input()

• Ten en mente que la función input() no puede manejar caracteres que no son ASCII, entonces usamos "intentar" excepto para manejar este problema, lo cual causará UnicodeDecodeError

También llamamos la función encryptText() con dos parámetros, que son el texto a ser encriptado, y la clave. Luego de eso la salida será impresa

Sc_result = ecryptText(us_input, 10)

Print("Output:" + Sc_result)

Al final usaremos input() para obtener la entrada de usuario.

El encryptText() llevará a cabo una simple forma de

encriptación al cambiar la posición de las letras, lo que

significa sustituir letras con otra letra basada en la clave, por

ejemplo, si la letra es "A" y la clave es 3, la salida será "D".

Esta tabla te da una idea de Caesar Cipher

En nuestro ejemplo "A" =65, la clave =3, de modo que la
salida=65+3=68 lo cual es "D"

| A | B | C | D | E | F | G | H | I | J | K | L | M |
|----|----|----|----|----|----|----|----|----|----|----|----|----|
| 65 | 66 | 67 | 68 | 69 | 70 | 71 | 72 | 73 | 74 | 75 | 76 | 77 |
| N | O | P | Q | R | S | T | U | V | W | X | Y | Z |
| 78 | 79 | 80 | 81 | 82 | 83 | 84 | 85 | 86 | 87 | 88 | 89 | 90 |

Luego de eso nos aseguraremos de que tenemos una cuerda

vacía para construir nuestro resultado (salida="") y luego

fijaremos nuestra clave para encriptar el texto

La variable input_text contendrá una cuerda, que será

almacenada como una lista (una lista es algo como un

arreglo). Puedes acceder a cada ítem en la lista usando input_text[0] para el primer ítem y así sucesivamente, python también te permite recorrer una lista usando for…in, para acceder a cada ítem.

**letter in input_text:** esta línea te permite romper la entrada al recorrerla para cada ítem dentro y fijar la letra igual a algo, entonces si la entrada es igual a HELLO, correrá el código cinco veces para H,E,L,L y al final O. Esto te permite leer cada letra separadamente, y luego añadir la nueva letra encriptada a la cuerda de salida

La siguiente línea, if(ord("A) > Ascii_val) or (Ascii_val > ord("Z")):,

Escribimos esta línea para revisar si el carácter que estamos buscando no está entre A y Z, lo que significa que puede ser un número o cualquier carácter. En este caso el programa excluirá al carácter del proceso de encriptación (la salida no cambiará)

Si la letra es correcta (entre A y Z), puedes añadir el valor a nuestra clave de encriptación de 10 (cambiando 10 posiciones)

**Entrada:** A B C D E F G H I J K L M N O P Q R S T U V W X Y Z

**Salida:** K L M N O P Q R S T U V W X Y Z A B C D E F G H I J

Puesto que quieres que el mensaje encriptado sea mucho más fácil de escribir, tienes una pequeña salida entre A y Z. Entonces, si la letra empieza con X, quieres que la enlace y cuente desde A. Puedes hacer esto al escribir la función %(módulo), que te da el valor remanente de la entrada (si divides un número entre otro número) si el número es 24 y añades 10, obtendrás 34. El valor de 34%26 (26 es el número total de letras) es 8. Va desde A hasta H

En ASCII, la A es igual al número 65, de modo que removerás el desplazamiento de key_val y luego lo añadirás una vez que tengas el valor del módulo. El siguiente código se asegura de que limites los valores de ASCII desde la A hasta la Z

\#asegúrate de que usas desde la A a Z sin importer la clave

Si no, $((ord("A")) < key\_val < ord("Z"))$:

$Key\_val = ord("A") + (key\_val-or("A")) \backslash$

$$\%(ord("Z") - ord("A")+1)$$

Si el valor no ingresado no está entre los valores para A o Z, y luego permitirás que el valor se envuelva (luego de calcular el módulo del número total de letras entre A y Z, el cual es 26). Esto funciona si la clave es mayor que 26 y si estás contando de forma contraria, por ejemplo

Si la clave fuese negativa, el descifrado será positivo

La siguiente figura te mostrará la forma básica de encriptación, suministrarás el método y la clave al que quieras que lea tu mensaje

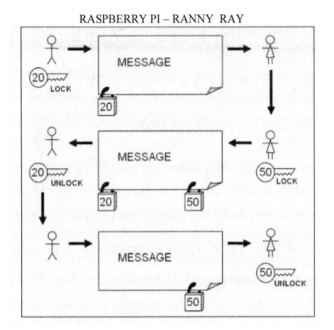

Si quisieras enviar el mensaje sin la clave y el método al receptor, harás lo siguiente como se muestra en la figura

Primeramente, lo encriptarás y enviarás el mensaje de al otro, y luego de que lo encripten de nuevo son su propia encriptación que te lo envíen. El mensaje en este punto tiene dos capas de la encriptación aplicada. Ahora puedes remover tu encriptación. Al final el otro lado recibirá el mensaje con su encriptación, la cuál puede remover y leer el mensaje.

Deberías mantener en cuenta que hay 25 combinaciones de encriptación

Puedes correr el archivo directamente; Python fijará el nombre (set_name_to) al atributo global principal con este código

If __name__ =="__main__":

main()

Ahora creemos key.py y escribamos el siguiente código

#!/user/bin/python3

#key.py

Importa encryptdecrypt como ENC

Key_1 = 20

Key_2 = 50

Print("enter your text: ")

#get user input

Us_input = input()

#send message

encodKey = ENC.encryptText(us_input, key_1)

```
print(us_1: send message encrypted with Key_1:" +

encodKey)

encodKey2 = ENC.encryptText(encodKEY1KEY2, -KEY1)

print("us_1: removes KEY1 & returns with KEY2(KEY2):"
+ encodKey2)

#Receiver will remove the encryption

Msg_res = ENC.encryptText(encodKEY2, -KEY2)

Print("us_2: will remove KEY2 & msg received :" +

msg_res)

# End of the program
```

**Usar Archivos**

En esta parte aprenderás cómo usar y especificar un archivo por medio de la línea de comando, que será leída y codificada para producir el archivo de salida

Ahora creemos un archivo llamado myFile.txt, escribe el siguiente código

```
#!/user/bin/python3

#myfile.py

Import sys # to obtain command line parameters

Import encryptdecrypt as ENC

#define inputs

RG_IN = 1

RG_OUT = 2

RG_KEY = 3

RG_LEN = 4


def conv_File(in, out, key)
```

```
#convert the key to an integer

try:

encr_Key = int(key)

except ValueErr:

print("invalid: your key %s should be an integer" %(key))

#put it on to the lines

Else:

Try:

#open your files

With open(in) as f_in:

In_content = f_in.readlines()

Except IOError:

Print ("Unable to open %s" % (in))

try:

with open (out,'w') as f_out:
```

```
for line in in_content:

out_line = ENC.encryptText(line, enc_key)

f_out.writelines(out_line)

except IOError:

print("cannot open %s %(in)")

try:

with open(out,'w') as f_out:

for line in in_content:

out_line = ENC.encryptText(line, en_key)

f_out.writelines(out_line)

except IOError:

print("cannot open %s" %(out))

print("the process is complete %s " %(out) )

finally:

print("complete")
```

```
#check the parameters

If len(sys.argv) == RG_LEN

Print("comm: %s" %(sys.argv))

convertFile(sys.argv[RG_IN], sys.argv[RG_OUT],
sys.argv[RG_KEY])

else:

print("myFile.py in out key")

#End of the program
```

• Para correr los programas escribe la siguiente clave de entrada salida python3myfile.py

Por ejemplo, para encriptar myFile.txt y transformarlo a encrypted.txt. usando 20 como clave al escribir el siguiente comando

Si quieres mostrar el resultado, usa menos encrypted.txt y presiona Q para salir

Si quieres decodificar encrypted.txt y transformarlo a decrypted.txt usando-20

• Python myFile.py encrypted.txt decrypted.txt -20

Este código requiere que usemos los parámetros que son brindados en la ventana terminal. Accederás a ellos al importar el módulo de python llamado sys. Como hiciste antes, también importarás tu módulo de encriptación/decodificación al importar el comando. También lo usarás como parte para permitirte referirte a él usando ENC.

Y luego, configurarás los valores para definir lo que cada parámetro de la línea de comando representará. Si lo corres, verás que sys.argv[] es un arreglo de valores como en el siguiente arreglo

['myfile.py', 'in.txt', 'encrypted.txt', '20']

Entonces, el archivo de entrada estará en el índice en la lista, luego el archivo de salida y finalmente, también la clave con el número total de parámetros RG_LEN=4

• Luego, definirás la función convertFile(), que luego llamarás desde el siguiente bloque de códigos

• Si quieres alejarte de errores, revisarás que el valor de longitud de sys.argv coincida con el número de parámetros de la ventana terminal. Esto asegurará que el usuario te ha brindado suficiente, no deberías intentar revisar ítems en la lista sys.argv[] que no existe. Regresarás un mensaje corto para explicar lo que estás experimentando.

• Ahora llamarás la función convertFile() por medio de los valores de la ventana terminal y  haciendo uso del integrado de python a excepción de las funciones de manejo para asegurarte de que los errores son respondidos adecuadamente.

• La línea try/except code nos permite intentar correr algún código y manejar cualquier excepción(errores) en el programa mismo, y detener cualquier parada súbita.

El código try está acompañado de las siguientes opciones

• except valError: si un error ocurre, un tipo específico de excepción puede ser especificada y manejada con la acción, dependiendo del error que desees manejar, para valError, podrías revisar si el valor es un valor flotante y convertirlo en un entero o prompt para a uno nuevo. Múltiples excepciones pueden descubrirse usando (valError,IOError) como se requiera

• except: esto es para descubrir toda causa de cualquier posible excepción con la que no hayas tratado. Para este punto el código puede ser llamado desde otros lugares

• else: - esta parte de código siempre es ejecutada si el código try es correcto y ninguna excepción ocurre, cualquier error en el código no será manejado por el boque try/except

• finally: la parte finally del código siempre será ejecutada, incluso si no hay excepción o si hay un problema con el código try

• en otros lenguajes de programación verás algo como try and except, pudiera ser try and catch, también usados como equivalentes

## Creemos un menu de inicio , myMenu.py

```
#!/user/bin/python3

#myMenu.py

From subprocess import call

FileN ="myMenu.ini"

DES=0

Key_k = 1

CM = 2

Print("Start Menu: ")

Try:

With open(fileN) as f:

myMenuFile = f.readlines()

except IOError:

print("cannot open %s" %(fileN))

for item in myMenuFile

line = item.split(',')
```

```
print ("(%s):%s" % (line[KEY_k], line[DES]))

#Get the user input

Run = True

While(run)

Us_input = input()

#check the input

For item in myMenuFile:

Line  = item.spilt(',')

If(us_input == line[KEY_k]):

Print("comm:" + line[CM])

#run the script

Comm = line[CM].rstrip().split()

Print(comm)

Run = false

If len(comm):
```

Call(comm)

If(run == true):

Print ("your key in not exist in the menu")

Print ("every thing is done")

Create a menu named menu.ini file that will contain the following

Start Desk,d, starty

Show ip Address, I, hostname –I

Show cpu speed, s, cat / sys/devices/system/cpu/cpu0/cpu/cpufreq/scaling_cur_

Freq

Show core temp, t, sudo /opt/vc/bin/vcgencmd measure temp

Exit,x,

• Puedes añadir tu comando y también puedes personalizar la lista basándote en tus necesidades.

Si quieres ejecutar cualquier otro programa desde un guion python, tendrás que usar el comando ("call"). Sólo deseas usar la parte llamada del módulo de subproceso, de modo que puedas simplemente usar el subproceso importa call

• Abre el archivo y lee las líneas en un arreglo de archivo de menú. Puedes procesar cada ítem de la siguiente forma

Line ['Start', 'Desk','d', 'starty']

Puedes acceder a cada sección usando imprimir (print) separadamente, de modo que puedas imprimir la clave que necesitas presionar para un comando específico y la descripción del comando.

Us_input == line[KEY_k]

El comando call requerirá que un comando y sus parámetros estén en una lista, de modo que usarás la función split() para volver la parte del comando en una lista (cada espacio en la frase usará la función). Deberías notar que after\n es el final de la línea de caracteres, y after starty es el final de la línea de caracteres de mymenut.ini. Removerás la primera usando esta función rstrip(), que es usada para remover cualquier espacio en blanco

Start:

Menu:

(d): start Desk

(i): Show ip Address

(s): show cpu speed

(t): show core temp

(y): exit

## Usar Python para Automatización

En esta parte, trabajarás principalmente con la línea de comando. Y también trabajarás con el Raspberry Pi usando una interfaz gráfica de usuario ( por sus siglas en inglés GUI)

Será bastante fácil obtener la entrada de la interfaz gráfica de usuario en una forma natural. Python soporta esto. Al igual que cualquier otro lenguaje de programación como C/C++ o un lenguaje de programación como el Microsoft Visual Basic, usarás el módulo Tkinter que brinda muchos buenos controles y herramientas para crear una interfaz gráfica de usuario

La aplicación que harás es convertir la aplicación de encriptación en la interfaz gráfica de usuario en lugar de usar la línea de comando.

Asegúrate de que has completado las instrucciones en la parte previa encryptdecrypt.py.program

Si quieres usar Tkinter (uno de los añadidos de python), necesitarás asegurarte de que está instalado. Por defecto estará instalado en la imagen Raspbian estándar, pero confirmemos eso al importarlo para python Shell

>>> import Tkinter

Si no existe verás un error (error de importe). En cualquier caso puedes instalarlo usando el comando

Sudo apt-get install python3-tk

Si cargó, usarás el siguiente comando para leer más

>> help (tkinter)

También puedes encontrar mucha información acerca de las clases, funciones y métodos al escribir el siguiente comando

>>> help(tkinter.Button)

Si quieres listar cualquier comando válido deberías escribir el siguiente comando en tu Shell

>>> dir (tkinter.button)

Ahora usemos el tkinter para desarrollar una GUI para el programa de encriptación

#!/usr/bin/python3

#encrypt.py

Import encrypt as ENC

Import tkinter as TK

```
def encbutton():

encryptVal.set(ENC.encryptText(encryptVal.get(),
keyVal.get))

def decButton():

encryptVal.set(ENC.encryptText(encryptVal.get(). –
keyVal.get()))

#Tkinter application

Root  =TK.TK()


Root.title("Enc/Dec application")

#control values

encryptVal = TK.StringVar()

enryptVal.set("this is a message")

keyVal = TK.IntVar()

keyVal.set(20)

promp = "Enter your message to encrypt: "
```

```
Key_k = "Key: "

Labl_1 = TK.label(root, text = promp, width=len(promp),
bg='red' )

texEnter=tk.Entry(root, textvariable =encryptVal, width =
len(promp))

encbutton = TK.Button(root, text="enc",
command=encbutton)

decButton = TK.Button(root, text="dec",
command=decbutton)

labl_2 = TK.label(root, textvariable=keyVal, width=9)

#Layout

Labl_1.grid(row=0, cloumnspan=2, sticky=TK.E + TK.w)

texEnter.grid(row=1, cloumnspan=2, sticky=TK.E+TK.W)

encbutton.grid(row=2, column=0, sticky=TK.E)

decbutton.grid(row=2, column=0, sticky=TK.W)

labl_2grid(row=3, column=1, sticky=TK.W)
```

TK.mainloop() #end of the program

En este programa empezamos por importar los módulos

El primero es el archivo de encriptación/descifrado y el segundo es el módulo tkinter.

Las funciones de encbutton() y decbutton serán corridas al cliquear en los botones de encriptar y descifrar

Ahora echemos un vistazo al código

Labl_1 = TK.labe1(root, text=promp, width=len(promp), bg='red')

Todos los controles tienen que estar enlazados a la ventana, tienes que determinar la raíz de tu ventana tkinter. Fijarás el texto usando la variable texto como se muestra, tienes que fijarla a una cuerda llamada promp, que hemos definido previamente con el texto. Puedes también fijar el ancho para que coincida con el número de caracteres del mensaje, pero no es necesario hacer eso. Eliges el color de fondo al usar bg='red'

En la siguiente línea de código, definiste el textEntry(root,textvariable=encryptVal, width=len(promp)), también definiste la variable text, es una forma útil de enlazar la variable a los contenidos de la caja que es una variable cuerda. Puedes acceder al texto usando textEnter.get()

Si lo deseas, pero esto te permitirá separar los datos que obtuviste del código que maneja la interfaz gráfica de usuario. Usa un TkinterStringVar() para acceder a ella directamente. La variable encryptVal usada para actualizar el widget que conectaba al comando .set().

```
Encbutton = TK.button(root, text=t"Encrypt",
command=encButton)
```

```
decbutton = TK.button(root, text="decrypt",
command=encButton)
```

En este caso puedes fijar una función para llamarla cuando el botón es presionado

```
def encbutton():
```

```
encryptVal.set(ENC.encryptText(encryptVal.get(),
keyVal.get))
```

## Controla el Hardware con Python

---

Una de las características del tablero Raspberry Pi es configurarlo desde computadoras de hogar; tiene la habilidad de interconectarse con cualquier hardware

Los pins de la entrada-salida de propósito general (por sus siglas en inglés GPIO) pueden controlar muchos productos electrónicos de bajo nivel, desde LEDs, hasta motores y monitores

## Controlar un LED en python

Necesitarás

- Cable hembra a macho (4)

- Tablero de circuitos

- LED RGB

- Resistores de 470 ohm (3)

Esta figura te muestra la diferencia entre el LED RFB y el otro LED

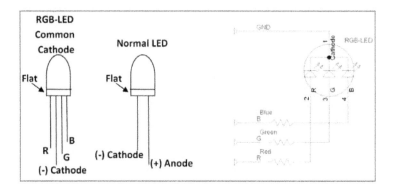

**Controlar un LED en python (cableado)**

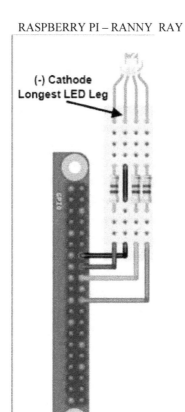

## Controlar un LED en python (codificado)

#!user/pin/python3

#led.py

Import RPi.GPIO as GPIO

import time

#RGB LED

```
# now setup the hardware

RGB_Ena = 1; RGB_Dis = 0

#LED Configuration

RGB_R = 16; RGB_G = 18; RGB_B=22

RGB = (RGB_R, RGB_G, RGB_B)

Def led_set():

#wiring

GPIO.setmode(GPIO.BOARD)

#ports

For val in RGB:

GPIO.setup(val, GPIO.OUT)

Def main():

Led_set()

For val in RGB:

GPIO.output(val, RGB_Ena)
```

```
Print("LED is on now ")

Time.sleep(7)

GPIO.output(val, RGB_Dis)

Print ("LED is off now ")

Try:

Main()

Finally:

GPIO.cleanup()

Print("Everything is closed now, the END")

#End of the program
```

## Controlar el LED usando un botón (cableado)

---

## Necesitarás

- Cables hembra a macho

- Tablero de circuitos

- Interruptor de botón

- LED de propósito general

- Resistores de 470 ohm (3)

- Cable de Tablero de circuitos

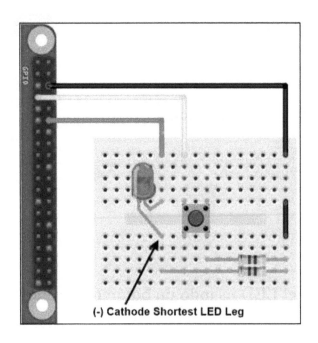

(-) Cathode Shortest LED Leg

# Controlar el LED usando un botón (codificado)

---

```python
#!/usr/bin/python3

#control.py

Import time

Import RPi.GPIO as GPIO

Import os

#close the script

debugging = True

nd = True

#setup the hardware

#GPIO

#config

MODE = GPIO.BOARD

Sht_BIN = 7

LD = 12
```

```
Def gpio_Set():

#wiring

GPIO.semode(GPIO.MODE)

#ports

GPIO.setupt(sht_BIN, GPIO.IN, pull_up_down =
GPIO.PUD_UP)

GPIO.Setup(LD,GPIO.OUT)


Def doShut():

If(debugging):print("you pressed the button")

Time.sleep(4)

If GPIO.input(Sht_BIN):

If(debugging):print("skip the shutdown (<4sec)")

else:

if(debugging):print("do you want to shut down the RPi
NOW")
```

```
GPIO.output(LD,0)

Time.sleep(0.6)

GPIO.output(LD, 1)

If(ND):os.system("flite –tWarning 3 2 1' ")

If (debugging == false):os.system("sudo shutown h now")

If(debugging):GPIO.cleanup()

If(debugging):exit()


def main():

GPIO_set()

GPIO.output(LD, 1)

While True:

If(debugging):print("you can press the button")

If GPIO.input(sht_BTN)==False:

doShut()
```

```
time.sleep(2)

try:

main()

finally:

GPIO.cleanup()

print("every ting is closed now. The End")

#End of the program
```

RASPBERRY PI – RANNY  RAY

# Preguntas del Capítulo 8

1. Usando python, crea un archivo y pon el nombre de tus amigos y el tuyo en ese archivo

2. Diseña y desarrolla un sistema de LED parpadeante usando un botón y 3LEDs

3. Haz que los tres LEDs parpadeen en un orden de secuencia

4. Diseña una interfaz gráfica de usuario para controlar el sistema en la pregunta 3

# Capítulo 9

# Proyecto Final

**Lo que aprenderás en este capítulo**

Crear un centro de medios usando el Raspberry Pi

**Lo que necesitarás para este capítulo**

Tablero Raspberry Pi

Una tarjeta SD o micro SD de 4GB

Cable HDMI

Cable de Ethernet

En este capítulo construirás un centro de medios en el tablero Raspberry Pi

La primera cosa que harás es escoger el sistema operativo. Quiero decir el sistema operativo apropiado para el proyecto, ya que te enfocarás en transformar el Pi en un centro de medios. Hay dos sistemas operativos para este propósito, el primero es OpenELEC (las siglas en inglés para open Embedded Linux Entertaiment Center). EL segundo es OSMC (las siglas en inglés para referirse a Open Source Media Center). En este proyecto descubrirás y usarás el OSMC, así que hagamos lo siguiente

- Descarga el OS (Sistema Operativo)

- Instala el OS en la tarjeta SD

## Descargar e Instalar el OSMC

Ahora deberías escoger la versión correcta de OSMC de modo que puedas descargarla e instalarla. Puedes ir a RaspberryPi.org, este es el sitio web oficial para el Raspberry PI como se mostró antes en los últimos capítulos puedes usar este sitio web como una comunidad de soporte para ti ya que puedes compartir tu experiencia con otros usuarios del Raspberry Pi.

Ahora, ve a la página principal y luego escoge DESCARGAS (DOWNLOADS), encontrarás una lista de todas las opciones de los sistemas operativos que puedes escoger, o puedes empezar a trajabar con Noobs que te da un vistazo de lo que el Raspberry PI puede hacer, encontrarás bajo esas listas un sistema operativo de terceros, en esta parte encontrarás el OSMC, haz clic en él

• Luego de completar la descarga, puedes instalarlo ahora, asegúrate de que tienes la tarjeta SD apropiada que puedas usar en el Raspberry Pi, si no tienes WinRAR ve al sitio web de WinRAR e instálalo y extrae la imagen.

Ahora es tiempo de grabar el sistema operativo en la tarjeta SD, asegúrate de que el archivo termina en .img, luego abre la el archivo grabador de imágenes y grábala.

Vamos a configurar el post-grabado en la imagen de la tarjeta SD, puedes configurar todo ahora, necesitarás el siguiente hardware

**La fuente de poder**

Esta fuente de poder hará la diferencia para el Raspberry Pi, ya que si el pi tiene poca energía te dirá que no tiene suficiente energía debido al uso del CPU

## Salida de Video-Audio

Puedes usar el cable HDMI para conectar tu Raspberry Pi, pero deberías mantener en mente dos cosas, que son la longitud y la rigidez del cable como cualquier dispositivo que conectes a tu TV

## Cable de Internet (Cable de Ethernet)

Usas este cable para conectar tu dispositivo al Internet, pero también puedes usar el Wi-Fi con un adaptador USB

Ahora es tiempo de conectar todo

● Conecta el Raspberry con la fuente de poder, y los dispositivos USB

● Conecta tu cable de video/audio preferido ya sea el HDMI o RCA

● Conecta el Raspberry Pi a la TV

**Comienza a trabajar con el OSMC**

● Este sistema operativo usa una interfaz llamada Kodi. En esta parte vas a familiarizarte bastante con el OSMC (Operating System Media Center), y vas a hacer lo siguiente

● Trabajar y navegar con el teclado

● Comenzar a ver la configuración

● Preparar y configurar la red

## Trabajar y navegar con el teclado

Si usas tu PC o tu laptop, puede que hagas la mayoría de tus movimientos usando el mouse para cliquear en diferentes menús o para abrir tus programas

Principalmente usas tu teclado sólo cuando introduces tu Dirección IP, para escribir algo como una dirección de correo electrónico, para jugar un juego. En el OSMC puedes navegar usando tu mouse, pero será mucho mejor usar tu teclado y eso depende de la versión de tu tablero Raspberry Pi

La pantalla de inicio del OSMC

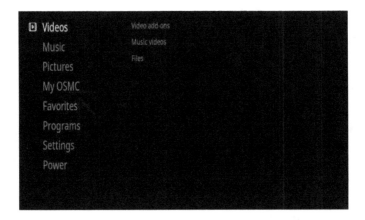

OSMC tiene muchas formas distintas en las que puedes usar el contenido. Te mostraré como transmitirlo desde diferentes fuentes.

Los Archivos de menú es dónde se encontrarán los videos. Descubriremos cómo llevar los videos al lugar correcto, el OSMC sabe que están allí y puedes verlos después. La cosa más importante que deberías conocer son los añadidos de video. Aquí es dónde Kodi funciona y pasará mucho tiempo para añadir nuevos programas y para ver tus videos favoritos.

**Música**

Esta pantalla es como la pantalla de video. Puedes guardar tus archivos de sonido o audio si abres esta pantalla. Como con los videos, si guardaste tus colecciones de archivos de audio en algún lugar puedes acceder a él desde el OSMC desde esta pantalla también, también encontrarás los añadidos de música como los añadidos de video

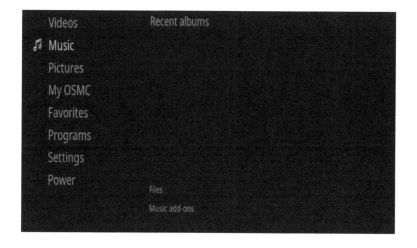

## La configuración (Settings)

## En la configuración, puedes encontrar la siguiente información

• Administrador de Archivos (File Manager): si quieres transferir algo desde un USB a el Raspberry Pi como imágenes o películas, entonces abrirás el directorio desde el administrador de Archivos

• Información del Sistema (System Info): esta parte dará un resumen de las cosas corriendo en el Raspberry Pi, también te brinda información como la dirección IP, un resumen,

almacenamiento, memoria y mucho más

| Appearance | Summary | Free memory: 293MB |
|---|---|---|
| Videos | Storage | IP address: 192.168.2.120 |
| Music | Network | Screen resolution: 1280x1024@60.00Hz - Full screen |
| Pictures | Video | Operating system: Open Source Media Center 2015.08-1 (kern |
| Weather | Hardware | System uptime: 2 Minutes |
| System | | Total uptime: 16 Hours, 39 Minutes |
| Services | | |
| Live TV | | |
| System info | | Open Source Media Center running Kodi 15.1 (Compiled: Aug 30 2015) CPU usage: CPU0: 25% |
| More... | | Memory Used: 17% |

● Perfiles (Profiles): los perfiles son algo similar a los
usuarios del sistema operativo Windows, añades usuarios, los
borras y editas algo como los privilegios, como en cualquier
sistema operativo

MyOSMC

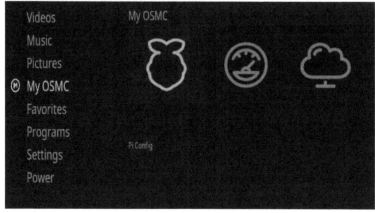

Esta pantalla puede manejar el hardware como overclocking, redes, booing y controles para conectar el OSMC desde otra computadora en caso de que quieras transferir el archivo

Wi-Fi

Si quieres conectarte al internet inalámbricamente, usarás el Wi-Fi

Y puedes configurarlo desde esta pantalla como se muestra.

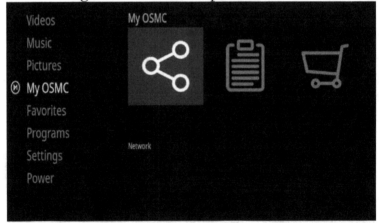

Luego de conectar tu adaptador Wi-Fi y correr tu OSMC puedes ir a la red (Network) y luego a inalámbrica (Wireless), cliquea en sí (yes) y finalmente aplicar (apply)

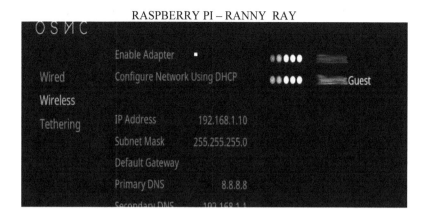

## Instalar video añadidos (video add-ons)

Si quieres instalar nuevas aplicaciones en el OSMC, navegarás

a videos: añade uno y presiona intro(enter). Cualquier

aplicación (añadidos o add-ons) que haya sido instalada estará

aquí.

Hay muchas opciones de entre las que puedes escoger. Te desplazarás a lo largo de una larga lista de opciones y te tomarás un tiempo para escoger una, todo ordenado alfabéticamente. Puedes instalarla fácilmente, sólo selecciona algo y presiona intro, pero deberías buscar el lenguaje de la aplicación porque la misma app tiene versiones multi-lingüísticas y preferirás uno específico

Luego de instalar unas cuantas apps, presiona retroceder y verás las apps que has instalado.

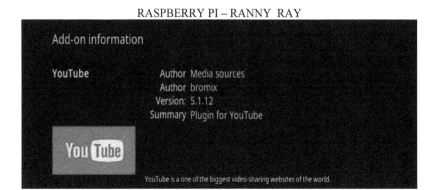

## Añadidos de Música (Music add-ons)

Si estás interesado en la música como en los videos puedes también hacer lo mismo con la música. Hay muchas opciones de transmisión disponibles, puedes añadir en el Raspberry Pi algo como la radio, o las canciones de transmisión, ve a música usando el teclado al presionar intro en música, en la lista luego presiona en los añadidos de música (Music Add-ons)

Wed, Dec 2, 2015

Videos

Files

♫ Music

Music add-ons

Pictures

My OSMC

Favorites

Programs

Settings

## Mover y Copiar tus archivos

Usarás ahora el Administrador de Archivos para copiar o mover los archivos, desde la página principal ve a Configuraciones y escoge administrador de archivos (file manager) y luego presiona intro.

File manager

| | |
|---|---|
| Root | Root |
| Profile directory | Profile directory |
| Super Repo | Super Repo |
| Add source | Add source |

● En esta figura puedes ver que hay un directorio llamado Super Repo. Si conectaste tu USB puedes ver el directorio listado en la pantalla del administrador de archivos

● Luego de insertar tu memoria USB, desplázate a tu USB hasta que veas tus archivos, luego copia cualquier archivos que quieras por ejemplo llc.mp3, luego ve a cualquier directorio que quieras y cópialo.

● Si quieres reproducir los DVDS e ISOs, el Raspberry Pi puede hacerlo pero tendrás que hacer lo siguiente

Obtén el códec, regresa a www.Raspberrypi.org

● Cliquea en la tienda hasta que llegues a la Raspberry Pi Swag store y cliquea allí, hay muchas categorías como comprar un Pi y Codec y muchas más.

● Usarás códec/OS, así que escoge esta opción

● Para DVD tendrás que correr MPEG-2LICENSE KEY, de modo qu comprarás el códec y luego presiona en la licencias "por favor  cliquea aquí para comprar tu mpeg-2 license key"

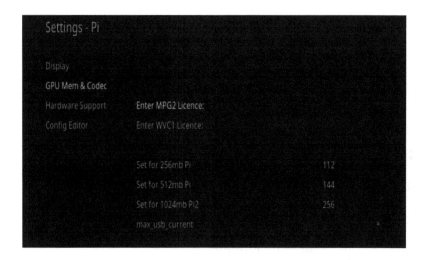

Ve a MyOSMC desde el menú principal, luego a pi config y finalmente a GPU Mem&Codec

● Ten en mente que no todos los tableros Rasbperry Pi procesarán este código

● Si quieres reproducir un DVD tendrás que añadir un lector DVD externo al Raspberry Pi que conectaste por medio de USB a tu computadora

## Redes

● En esta parte aprenderás cómo conectar tu OSMC en la red

● Deberías conectarlo con computadoras en tu red de hogar

● Todo lo que harás con tu red casera puede hacerse con redes más grandes

● Algunos de los beneficios de conectar tu OSMC es ver tus películas en TV por ejemplo

● Te enfocarás en la red de hogar en lugar del Raspberry Pi y OSMC

## Compartir en Windows

● Deberías recordar como compartir con Windows, samba y SMB

● Compartir es una de las cosas más fáciles que puedes hacer en Windows, luego de la instalación del Windows, si deseas compartir una carpeta en Windows puedes cliquear y escoger propiedades y luego cliquear en compartidos y luego compartir

# Compartir en Linux

---

● Si estás usando el sistema operativo Linux, puedes usar SSH (secure Shell)

Si quieres compartir tu computadora Linux y el OSMC sólo haz lo siguiente

Abre la ventana terminal y luego escribe este comando

Sudo systememct1 enable sshd

Si tu computadora no procesa este comando no te preocupes

Puedes probar este otro comando

Sudo service ssh start

Y luego escribe lo siguiente

Sudo systememct1 start sshd

## NFS (Network File Share)

---

● en español: Compartir Archivos de Red, Compartir Archivos de Red en Linux es similar a compartir en Windows

● Cuando quieras conectarte a la carpeta remota, tu computadora será como una carpeta local

● Será más complejo configurar la Compartición de Archivos de Red que el SSH ya que controlarás los otros usuarios que no sean tú mismo, de modo que necesitarás configurar los permisos

Sudo mkdir any name / nfs

Sudo shown user: user /nfs

Chmod 777 /nfs

Sudo nano /etc/exports

/nfs    *(rw)

## Samba

La última opción para compartir medios desde tu computadora Linux a OSMC es Samba

Ahora abre la ventana terminal y luego escribe el siguiente comando

Sudo nano / etc/samba/smb.conf

Podemos desplazarnos hacia abajo y luego añadir nuestra información en la carpeta que estamos compartiendo

[sharing name]

Path = /samba

Writable = yes

Guest ok = yes

Hosts allow = 192.168.

Podemos habilitar e iniciar el servicio Samba

Sudo systemct1 enable/start smb

Service smbd start